国家信息中心数字中国研究院

大数据发展丛书

RISK ASSESSMENT & SOLUTION OF THE BELT
AND ROAD INTERNATIONAL COOPERATION
BASED ON BIG DATA

基于大数据的"一带一路"国际合作风险评估与应对

于施洋　杨道玲　王璟璇 ◎ 著

社会科学文献出版社
SOCIAL SCIENCES ACADEMIC PRESS (CHINA)

大数据发展丛书
编 委 会

总　序

当今世界，随着互联网、物联网等新技术飞速发展，万物互联化、数据泛在化的大趋势日益明显，人类社会正在进入以数字化生产力为主要标志的全新历史阶段。采集、管理、分析、利用好各种海量数据，已成为国家、地区、机构和个人的核心竞争力。我国幅员辽阔、人口众多、经济体量庞大，经济社会运行各方面产生的数据规模、复杂程度和潜在价值均十分巨大。据统计，目前我国 4G 用户全球占比超过 40%，光纤宽带用户全球占比超过 60%，蜂窝物联网 M2M 连接数全球占比近 45%。预计到 2020 年，我国数据总量全球占比将达到 18%。如何加强数据资源顶层统筹和要素集聚，构建数据资源"举国机制"；如何有效共享和利用散落在全社会各处的数据资源，加快释放"数字红利"；如何运用大数据加强宏观调控、公共服务和行业监管，促进国家治理体系和治理能力现代化，已经成为关乎党和国家前途命运的一件大事。

在这一历史背景下，以习近平同志为核心的党中央高瞻远瞩、超前布局，适时提出并全力推进实施国家大数据战略，加快建设数字中国。2017年 10 月 18 日，党的十九大报告指出"加快建设制造强国，加快发展先进制造业，推动互联网、大数据、人工智能和实体经济深度融合，在中高端消费、创新引领、绿色低碳、共享经济、现代供应链、人力资本服务等领域培育新增长点、形成新动能"。当前，推进国家大数据发展与数字中国建设的时代内涵主要包括五个方面。

一是迎接信息化发展进入大数据新阶段，以新型"举国体制"打造数字化时代全球竞争力。习总书记指出："大数据是信息化发展的新阶段。随着信息技术和人类生产生活交汇融合，互联网快速普及，全球数据呈现爆发增长、海量集聚的特点，对经济发展、社会治理、国家管理、人民生活都产生了重大影响。"加快推进大数据发展与数字中国建设，应当着力推进全国范围内数据资源顶层统筹和要素集聚，充分释放 "数字红利"，有效提升数字化时代我国全球竞争力。

二是守护网络化数字化时代国家主权新疆界，以 "数字立国" 支撑落实国家总体安全观。习总书记指出："从世界范围看，网络安全威胁和风险日益突出，并日益向政治、经济、文化、社会、生态、国防等领域传导渗透。"当前，大数据已经成为国家的基础性战略资源，数据主权成为国家主权的新领域。加快推进大数据发展与数字中国建设，应当着力强化陆海空天电网六维空间数据资源全领域、全要素统筹，有效增强国家数据资源的纵横联动和调度指挥能力，筑牢国家数据资源整体安全防护体系。

三是培育壮大我国经济高质量发展新动能，以 "数字强国" 为经济转型升级全面赋能。习总书记指出："研究表明，全球 95% 的工商业同互联网密切相关，世界经济正在向数字化转型。"大数据对于国民经济各部门具有十分广泛的辐射带动效应，对我国经济质量变革、效率变革和动力变革具有重要推动作用。加快推进大数据发展与数字中国建设，应当着力汇聚全社会数据资源和创新资源，实现汇聚数据链、整合政策链、联接创新链、激活资金链、培育人才链、集聚产业链，以信息化培育新动能，以新动能推动新发展。

四是满足人民群众对高品质生活新向往，以 "数字治国" 推动现代治理体系建设向纵深发展。习总书记指出："必须贯彻以人民为中心的发展思想，把增进人民福祉作为信息化发展的出发点和落脚点，让人民群众在信息化发展中有更多获得感、幸福感、安全感。"互联网、大数据等新技术是人民群众创造高品质生活的全新手段。加快推进大数据发展与数字中国建设，应当聚焦人民群众的难点、痛点、堵点问题，着力运用新技术手段深化 "放管服" 改革，推动现代治理体系建设向协同管理、协同服务、协同监管的纵深方向发展，切实增强人民群众获得感和满意度。

五是开创 "一带一路" 倡议合作共赢新局面，以 "数字丝路" 建设引领高水平对外开放。习总书记指出："要坚持创新驱动发展，加强在数字经济、人工智能、纳米技术、量子计算机等前沿领域合作，推动大数据、云计算、智慧城市建设，连接成 21 世纪的数字丝绸之路。"加快推进大数据发展与数字中国建设，应当着力搭建覆盖"一带一路"国家和地区的数据资源互联互通平台和标准规范体系，推动成员国之间数据共享开放，更好地服务于各国经济社会发展，使我国在未来全球大数据产业发展中掌握优先话语权。

20 世纪 80 年代，为迎接世界信息技术革命挑战而组建的国家信息中心，目前已成为以经济分析预测、信息化建设和大数据应用为特色的国家级决策咨询机构和国家电子政务公共服务平台。近年来，国家信息中心在贯彻落实国家大数据战略，全力推进数据资源汇聚、数据分析决策和数字经济发展方面取得了诸多成绩。2018 年 4 月，国家信息中心正式成立数字中国研究院，通过整合内外部资源，汇聚产学研各界优势，共同打造大数据领域最权威、最高端、最前沿的综合性智库平台。本套丛书的策划出版，也是国家信息中心数字中国研究院在数字经济、政府治理、宏观决策、监管创新等领域探索研究的核心成果之一，相信将为各级政府和社会各界推进大数据发展与数字中国建设提供有益借鉴。

曾子曰："士不可以不弘毅，任重而道远。"面向未来，希望社会各界有识之士一起努力，坚持面向国家重大需求、面向国民经济发展主战场、面向世界数字科技创新前沿，全面参与大数据发展事业，全力探索以数据为纽带促进政府、产业、学术、研发、金融、应用各领域的深度融合创新的发展模式。

是为序。

罗文

国家发展改革委副主任

前　言

2013 年秋天，习近平总书记提出共建"一带一路"倡议，为改善全球经济治理体系和构建人类命运共同体贡献了中国智慧和中国方案。5 年来，我国坚持共商、共建、共享原则，不断扩大与"一带一路"沿线国家的合作共识，推进"一带一路"建设从无到有、由点及面，从理念转化为行动，从愿景转化为现实，建设进度和成果超出预期。截至 2019 年 3 月底，已有 125 个国家和 29 个国际组织与中国签署了 173 份合作文件。一批重大项目开花结果，贸易与产能投资合作不断深化，金融服务领域合作日益加强，人文交流逐步扩大。首届"一带一路"国际合作高峰论坛 270 多项成果落实率已达 100%。中国正在同"一带一路"共建国家一道，秉持丝路精神，践行构建人类命运共同体的庄严承诺。

2018 年 8 月 27 日，在推进"一带一路"建设工作 5 周年座谈会上，习近平总书记指出，过去几年共建"一带一路"完成了总体布局，绘就了一幅"大写意"，今后要聚焦重点、精雕细琢，共同绘制好精谨细腻的"工笔画"。要在保持健康良性发展势头的基础上，推动共建"一带一路"向高质量发展转变，这是下一阶段推进共建"一带一路"工作的基本要求。总书记强调，要高度重视境外风险防范，完善安全风险防范体系，全面提高境外安全保障和应对风险能力。2019 年 1 月 21 日，习近平总书记在省部级主要领导干部坚持底线思维着力防范化解重大风险专题研讨班开班式上强调，要统筹国内国际两个大局、发展安全两件大事，既聚焦重点，又统揽全局，有效防范各类风险连锁联动。要加强海外利益保护，确保海外重大项目和人员机构安全。要完善共建"一带一路"安全保障体系，坚决维护主权、安全、发展利益，为我国改革发展稳定营造良好外部环境。

"一带一路" 沿线大多是发展中国家, 多存在政局不稳、经济发展动力不足、基础设施薄弱及营商环境较差等问题, 同时面临战争、恐怖袭击和暴力冲突、治安犯罪、自然灾害和流行疾病等威胁, 突发风险较多。加之我国大部分 "走出去" 的企业对海外市场认知不足、合作规划盲目、风险意识缺乏、风险防范手段不足等, 导致项目受挫甚至失败。"一带一路" 要实现走深走实、行稳致远, 对风险的研究与防范是一项重要议题。

目前, 国内外不少专业机构都开展了国家安全风险的相关评估与研究, 针对 "一带一路" 法律风险、投资风险、知识产权风险、金融风险等主题的研究也相继展开。但目前对 "一带一路" 相关风险的研究存在三个瓶颈: 一是缺乏深度数据, 现有研究可获得的数据多为宏观、中观统计数据, 一手的、细颗粒度的数据少, 尤其是负面的、反映隐患的数据和信息少, 极大限制了风险研究的客观性和全面性; 二是缺乏及时数据, 现有研究使用的数据大多是更新较慢的统计数据, 使风险评估多属于周期较长的年度性评估, 无法及时反映复杂多变的政治、经济、营商环境等方面的现状与风险; 三是风险预警难度大, 由于缺乏深度、及时数据, 现有研究多为案例研究、事后评估, 较难做到事前预测预警和事中有效应对, 进而导致现有研究对政府、中资企业及时应对 "一带一路" 各类投资风险的指导不足。

当前, 大数据技术愈发成熟, 应用领域愈发广泛。基于大数据的 "一带一路" 风险防范通过对更全面、强相关、时效性的数据进行分析, 借助交叉验证、关联分析及异常点分析等技术方法, 可以及时跟进 "一带一路" 投资目的国的政策导向、法规变化、营商环境、突发事件、舆情反应、自然环境等情况, 从而更加有效地预测和发现风险所在, 提升政府和企业风险管理水平, 帮助中资企业顺利开展在 "一带一路" 沿线国家的投资和承建项目。为此, 本书在归纳 "一带一路" 进展现状以及现有国际合作风险研究的基础上, 提出基于大数据的 "一带一路" 国际合作风险评估体系, 并将其运用到典型案例中进行验证分析, 提出国际合作风险应对策略。同时, 鉴于当前研究与实践中存在的数据瓶颈, 我们提出了建立 "一带一路" 风险防范大数据支撑体系的建议, 希望为政府、企业、研究机构进行 "一带一路"国际合作风险研究提供相关参考。

　　本书是基于国家信息中心大数据工作提出的相关方法探索，我们深知要实现"一带一路"风险防范的实践支撑，还有很多研究工作需要进一步细化，我们将继续跟踪并推进本领域研究。衷心感谢丝路国信大数据技术有限公司对本书编写提供的大力支持，感谢许婷婷、李祥丽等同事为本书的辛苦付出。

于施洋

国家信息中心大数据发展部主任

2019 年 4 月 4 日

Contents

目 录

第一章

绪　论

近年来全球经济进入低增长时期，贸易保护主义逐渐抬头，全球经济发展需要新动能，国家间合作和区域一体化急需新的合作模式。在此背景下，中国提出的"一带一路"倡议为世界经济早日走出低增长困境提供了"中国方案"，为"一带一路"国家乃至全球发展注入了新活力。五年来，经过夯基垒台、立柱架梁，共建"一带一路"正在向落地生根、持久发展的新阶段迈进，具体项目逐步落地；但与此同时，中国企业在"一带一路"沿线国家也面临更多的风险和挑战，直接影响到中国与"一带一路"国家的合作成效，开展"一带一路"国际合作风险研究变得十分必要。

第一节　"一带一路"国际合作进入新阶段

2013 年 9 月和 10 月，中国国家主席习近平先后提出共建"丝绸之路经济带"和"21 世纪海上丝绸之路"（简称"一带一路"），得到国际社会的高度关注和有关国家的积极响应。五年来，中国秉持"和平合作、开放包容、互学互鉴、互利共赢"的丝路精神，坚持共商、共建、共享原则，不断扩大与"一带一路"国家的合作共识，我国与"一带一路"国家的合作建设从无到有、由点及面，逐渐实现"迎着机遇'走出去'—积极融入'走进去'—精细管理'走上去'"，推动"一带一路"建设逐渐从理念转化为行动，从愿景转变为现实，在多个方面均取得了新突破，打开了新局面，推动"一带一路"建设进入全面实施的新阶段。这个新阶段主要体现在四个方面。

一 "一带一路" 倡议国际影响力达到新高度

五年来，"一带一路"朋友圈越来越大，全球 100 多个国家和国际组织积极支持和参与 "一带一路" 建设，特别是以首届 "一带一路" 国际合作高峰论坛成功举办和党的十九大召开为契机，"一带一路" 倡议的国际影响力进一步提高。

第一，国际社会对 "一带一路" 倡议关注度①持续走高。五年来，国外媒体和网民对 "一带一路" 始终保持高度关注（见图 1-1），倡议的顶层规划及重大里程碑事件均成为全球舆论关注焦点，例如《推动共建丝绸之路经济带和 21 世纪海上丝绸之路的愿景与行动》发布（2015 年 3 月）、《关于推进国际产能和装备制造合作的指导意见》出台（2015 年 5 月）、亚洲基础设施投资银行成立（2015 年 12 月）、"一带一路" 国际合作高峰论坛召开（2017 年 5 月）、"一带一路" 写入党章（2017 年 10 月）等重大时间节点均引发全球舆论的关注高峰。其中，美国、英国、俄罗斯、印度、韩国等最为突出，新西兰、菲律宾、日本等国家排名提升（见表 1-1）。

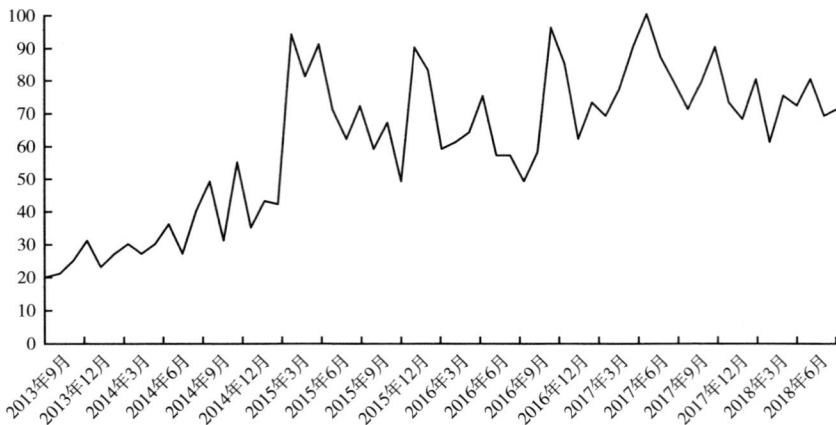

图 1-1　2013 年 9 月至 2018 年 7 月国外舆论对 "一带一路" 的关注趋势

---

① "关注度"指根据网民在互联网各渠道上对话题的讨论量，标准化后形成反映网民关注程度的综合型指数。该指数介于 0~100，数值越高表明网民对特定话题的认知程度越高，下同。

表 1 - 1　近三年对"一带一路"最为关注的国家排名

关注热度排名	2016 年	2017 年	2018 年
1	美　国	美　国	美　国
2	英　国	英　国	英　国
3	澳大利亚	印　度	俄罗斯
4	韩　国	韩　国	印　度
5	新加坡	俄罗斯	韩　国
6	印　度	加拿大	澳大利亚
7	俄罗斯	马来西亚	日　本
8	加拿大	日　本	新加坡
9	日　本	新加坡	新西兰
10	波　兰	澳大利亚	菲律宾
11	马来西亚	波　兰	加拿大
12	印度尼西亚	德　国	马来西亚
13	德　国	新西兰	法　国
14	菲律宾	菲律宾	波　兰
15	新西兰	西班牙	西班牙
16	法　国	印度尼西亚	德　国
17	西班牙	法　国	哈萨克斯坦
18	爱尔兰	爱尔兰	印度尼西亚
19	哈萨克斯坦	哈萨克斯坦	泰　国
20	泰　国	巴基斯坦	爱尔兰

第二，"一带一路"朋友圈不断扩大，合作范围覆盖亚欧非拉和大洋洲。全球 100 多个国家和国际组织积极支持和参与"一带一路"建设，联合国大会、联合国安理会等重要决议也纳入"一带一路"建设内容。2017年 3 月，联合国安理会一致通过了第 2344 号决议，呼吁各国推进"一带一路"建设，并首次载入"构建人类命运共同体"理念，"一带一路"渐成国际共识。截至 2019 年 3 月底，已有 125 个国家与我国达成合作协议。据不完全统计，2017 年 5 月至 2019 年 3 月，有 85 个国家与我国签署了"一带一路"备忘录，"一带一路"朋友圈逐渐扩大到非洲、大洋洲和南美洲。在2018 年举办的博鳌亚洲论坛年会、上海合作组织峰会、中非合作论坛峰会、中国国际进口博览会等四次主场外交平台上，"一带一路"合作更是成为各

国代表热议的话题。

第三，全球对"一带一路"的积极情绪占比稳步提升。五年来，全球舆论对"一带一路"倡议的态度经历了"观望—质疑—支持—合作"的转变，对"一带一路"倡议的积极情绪占比由 2013 年的 16.50% 提高到 2017 年底的 23.67%（见图 1-2）。尤其是党的十九大以来，"一带一路"国家合作信心大幅提升，"一带一路"国家媒体和网民对"一带一路"充满期待，认为"一带一路"写入党章表明中国推动建设的决心和承诺，能够为"一带一路"国家带来更多的发展机会，希望本国能抓住合作机遇，吸引更多中国的投资和项目，以促进本国基础设施的改善和经济发展。

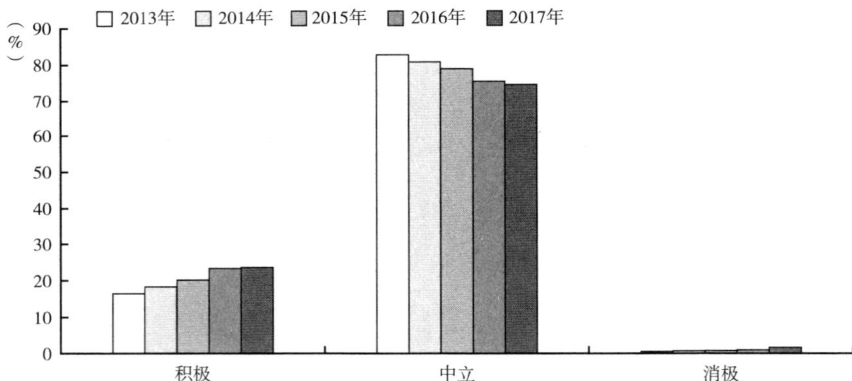

图 1-2 国外媒体和网民对"一带一路"情绪占比变化

第四，具体关注内容逐渐由浅入深、由宏观战略到具体项目落实。国外媒体和网民对"一带一路"倡议的报道和讨论大致经历三个阶段：第一阶段（2013~2015 年），媒体大多就专家对该倡议的概念、内涵的分析等进行讨论，对"一带一路"产生的国际影响进行分析；第二阶段（2016~2017 年），"一带一路"国家与中国签订经贸合作协议、中国企业海外重大投资进展等实务方面的合作成为媒体跟踪报道的重点内容；第三阶段（2018 年以来），"一带一路"建设进入深耕期，媒体更关注"一带一路"具体项目的建设进展。世界各国对"一带一路"的关注重点各有侧重，例如美国舆论更关注"一带一路"对全球的影响，英国更关注中英在"一带一路"框架下的经贸合作，俄罗斯更关注"一带一路"下的国家关系等，欧美其他国家越来越关注与中国进行第三方合作（见表 1 – 2）。

表 1 – 2　关注度排名前十的国家最关注的话题

排序	国家	话题
1	美　国	"一带一路"对全球的影响
2	英　国	"一带一路"下的经济与贸易合作
3	俄 罗 斯	"一带一路"下的国家关系
4	印　度	印度对中国"一带一路"的态度
5	韩　国	"一带一路"下的各国关系
6	澳大利亚	"一带一路"带来的影响
7	日　本	"一带一路"的发展
8	新 加 坡	"一带一路"下的国际合作
9	新 西 兰	"一带一路"合作机遇
10	菲 律 宾	"一带一路"促进发展

第五，"一带一路"倡议也受到国内舆论的持续高度关注。从热议话题看，国内媒体和网民对"一带一路"的关注主题逐渐丰富（见图 1 – 3）。"一带一路"提出后，国内媒体和网民的关注重点主要是丝绸之路经济带的意义、丝绸之路相关考古和文化旅游等内容；2014 年对海上丝绸之路的讨论研究开始增多，比较关注福建等东南沿海地区的参与以及与东南亚国家的合作；2015 年《推动共建丝绸之路经济带和 21 世纪海上丝绸之路的愿景与行动》发布，顶层设计明朗，国内讨论话题逐渐丰富，自贸区建设、跨境电商、亚投行等成为主要讨论话题；2016 年，对加强金融创新和资金支持、继续增强民心相通的讨论声量逐渐增多，特别是加强金融创新和资金支持受到媒体和相关专家的普遍关注；2017 年，对"一带一路"评估和风险研究，人才、金融、安全保障等成为关注的重点；2018 年，"一带一路"项目的进展情况、沿线国家的风险防范、百姓的获得感、冰上丝绸之路等讨论较多。以民众获得感为例，大数据监测分析显示，国内舆论认为"一带一路"在海淘、旅游、物流、教育、美食、文化、支付、通信等各领域为老百姓带来了更多的获得感（见图 1 – 4）。

①丝绸之路经济带
的构建和战略意义
②推动新疆更开放
③对外文化传播
④丝绸之路历史和
考古
⑤西安、兰州在丝
绸之路中的地位

①自贸区建设
②地方主动融入
"一带一路"
③国际产能合作
④《愿景与行动》
⑤亚投行
⑥跨境电商
⑦人民币国际化
⑧相关博览会、论坛涌现
⑨"一带一路"概念股
⑩中巴经济走廊

①高峰论坛
②强化金融互联互通
③互联互通成绩亮眼
④继续加强民心相通
⑤国际社会积极响应
⑥中国梦与世界梦
⑦助力非洲发展
⑧对"一带一路"投资
逆势增长
⑨促进产业升级
⑩风险研究和评估

2013年 2014年 2015年 2016年 2017年 2018年

①海上丝绸之路推动各
国贸易合作
②能源合作
③丝绸之路旅游
④丝绸之路实地考察
⑤福建等东南沿线省市
在海上丝绸的战略选择
⑥班列打造丝绸之路物流
通道

①强化金融对"一带一路"
的支撑
②各领域项目落地
③加强战略对接
④宗教文化
⑤孔子学院、留学生和华人
华侨
⑥中欧班列
⑦香港参与"一带一路"建设
⑧"一带一路"进展评估
⑨"一带一路"成绩单
⑩G20与"一带一路"

①项目进展
②冰上丝绸之路
③绿色丝绸之路
④数字丝绸之路
⑤风险防范
⑥"一带一路"
获得感

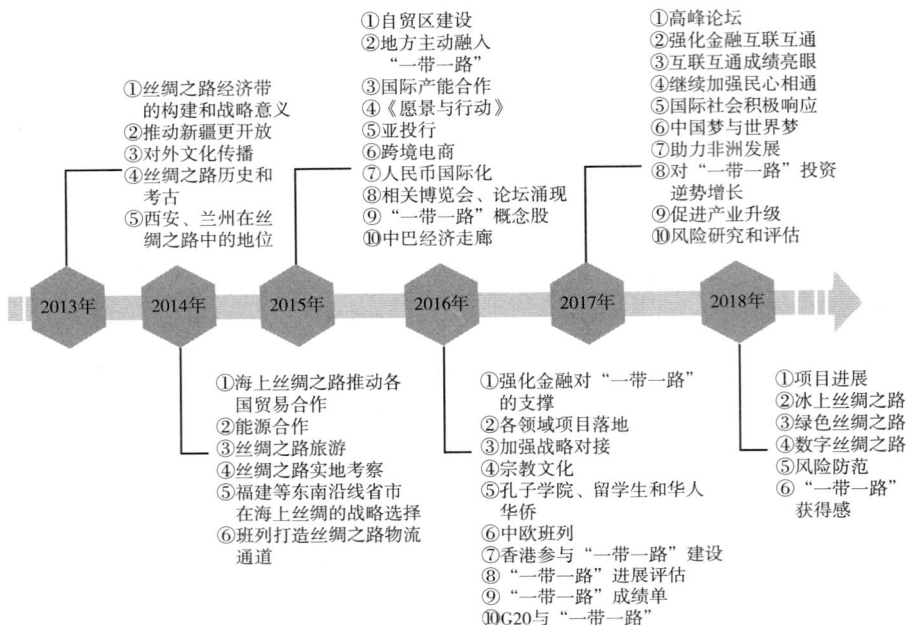

图 1-3 2013~2018 年国内舆论热议的 "一带一路" 相关话题变化情况

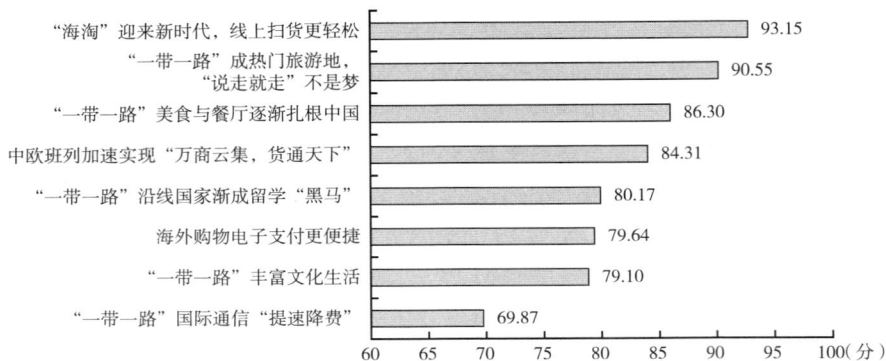

"海淘"迎来新时代，线上扫货更轻松 93.15
"一带一路"成热门旅游地，
"说走就走"不是梦 90.55
"一带一路"美食与餐厅逐渐扎根中国 86.30
中欧班列加速实现"万商云集，货通天下" 84.31
"一带一路"沿线国家渐成留学"黑马" 80.17
海外购物电子支付更便捷 79.64
"一带一路"丰富文化生活 79.10
"一带一路"国际通信"提速降费" 69.87

60   65   70   75   80   85   90   95   100(分)

图 1-4 2018 年 "一带一路" 民众获得感排行榜

二 "一带一路" 互联互通合作再上新台阶

从总体看，"一带一路" 合作水平稳步提升。国家信息中心 "一带一路"国别合作度指数①测评结果显示，2018 年 "一带一路" 国别合作度平均得分为 47.12 分（见图 1 - 5），较 2016 年上升 3.57 分。2016～2018 年，俄罗斯蝉联榜首，哈萨克斯坦、巴基斯坦两国持续位列前五。

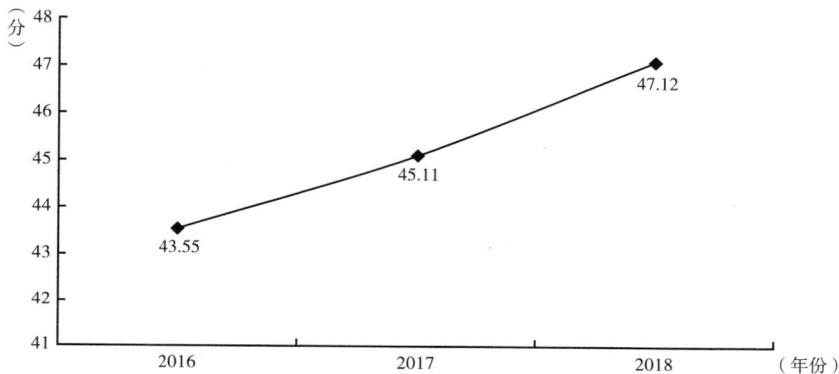

图 1 - 5　2016～2018 年 "一带一路" 国别合作度总体得分情况

从 "五通" 发展看，民心相通和政策沟通方面成效显著，资金融通和设施联通有待加强。"一带一路" 国别合作度指数测评显示，民心相通度、政策沟通度得分较高，且国家间差距最小（见图 1 - 6），反映我国与 "一带一路" 国家在民心相通和政策沟通方面成效显著；设施联通度的平均分相对较低，联通水平有待进一步提高；资金融通度的离散系数②最大，我国与 "一带一路" 各国在金融合作方面国家间差距较大。

从区域看，亚洲大洋洲、中亚地区国家与我国 "一带一路" 合作最为紧密，平均分相对较高（见图 1 - 7），分别为 64.48 分、56.09 分，且在 "资金融通度" "政策沟通度" 方面优势明显；东欧国家间与我国的国别合

---

① "一带一路" 国别合作度指数紧紧围绕《推动共建丝绸之路经济带和 21 世纪海上丝绸之路的愿景与行动》所提出的五大合作重点，从政策沟通度、设施联通度、贸易畅通度、资金融通度、民心相通度五个维度构建了包括 5 个一级指标、12 个二级指标、34 个三级指标在内的测评指标体系。参见国家信息中心 "一带一路" 大数据中心《 "一带一路" 大数据报告 2018》，商务印书馆，第 25～50 页。

② 离散系数是测度数据离散程度的相对统计量，主要用于多个总体均值不等的离散程度比较。数值越大，表明该总体内部数据分布较为分散；数值越小，表明该总体内部数据分布较为集中。

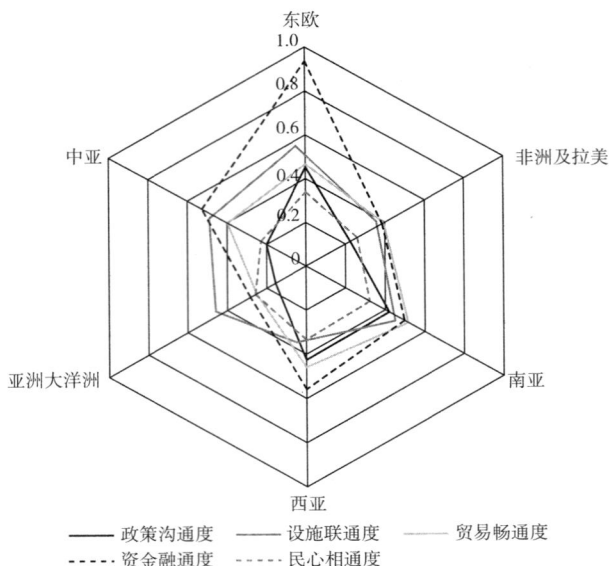

图 1-6 各区域 "五通" 得分的离散系数

作水平差距最为明显，极差为 70.06 分①；我国与南亚国家各方面合作水平较为均衡，仅次于亚洲大洋洲及中亚国家，我国与西亚国家在资金融通、贸易畅通方面的合作水平表现亮眼。

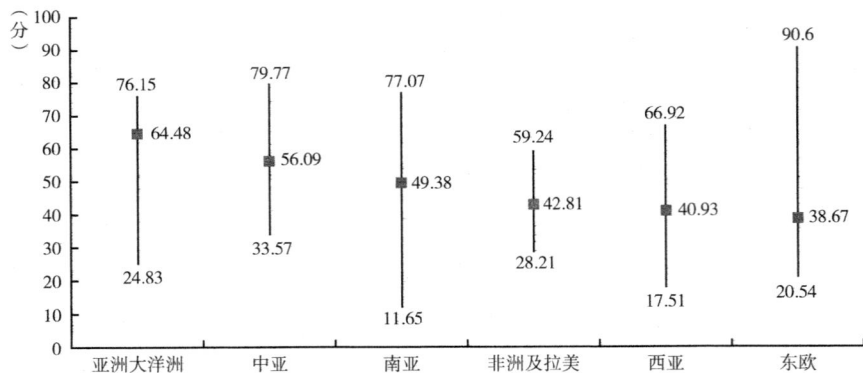

图 1-7 各区域国家间 "一带一路" 国别合作度水平差距情况

① 极差 = 最大值 - 最小值，极差越大，反映区域内国家间水平差距越大。

三 "一带一路" 助推国内区域开放新格局

"一带一路" 倡议提出以来，我国各省区市紧紧抓住重要机遇，纷纷出台措施，加强区域发展战略联动协调，深度对接和参与 "一带一路" 建设，我国区域协调发展的新格局正悄然形成。

第一，各地参与 "一带一路" 的积极性和主动性显著提升，参与效果初步显现。国家信息中心 "一带一路" 省市参与度指数①测评结果显示："一带一路" 省市参与度指数平均分为 61.39 分（见图 1 - 8），首次突破 60分，近三年呈逐年上升趋势，较 2016 年提升 1.79 分，各地参与 "一带一路" 建设的成效进一步显现。其中 2018 年，广东、山东、上海、浙江、江苏分列 "一带一路" 省市参与度前五。广东连续三年蝉联榜首，山东排名逐年提升，从 2016 年的第 7 名提升至 2017 年的第 5 名，再到 2018 年的第 2名，提升幅度明显。四川、湖北首次进入前十。

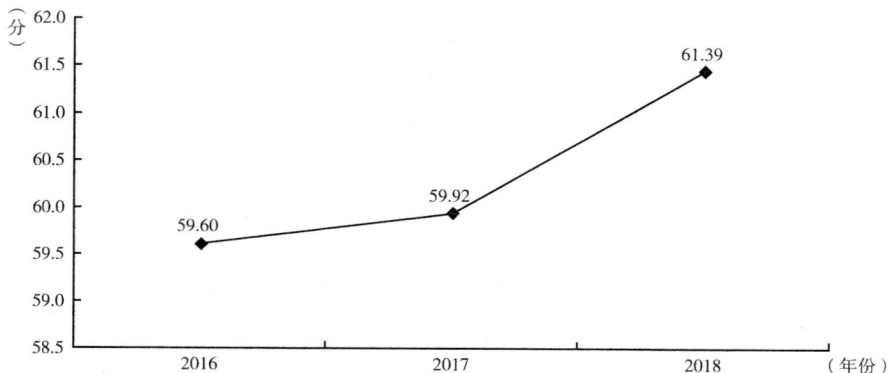

图 1 - 8 2016 ~ 2018 年 "一带一路" 省市参与度平均得分

各地参与积极性不断提高，相关配套政策逐渐完善。各地在其 2017 年政府工作报告中着重介绍了本省在 "一带一路" 建设中的进展及未来工作

---

① "一带一路" 省市参与度测评按照 "基础—行动—效果" 三个层次构建评价模型，基于政策环境、设施配套、经贸合作、人文交流、综合影响五个维度，构建了包括 5 个一级指标、14 个二级指标、20 个三级指标在内的测评指标体系。参见国家信息中心 "一带一路" 大数据中心《"一带一路" 大数据报告 2018》，商务印书馆，第 51 ~ 78 页。

重点，尤以甘肃、浙江、山东、河南、江苏较为详尽。此外，31 个省区市均还结合自身发展出台了本地推进"一带一路"建设的相关政策，主要集中于自由贸易区、跨境电子商务、旅游等领域，其中，黑龙江、广东、陕西、浙江、河南、新疆、湖南出台政策数量较多。93.55%（29 个）的省区市与国外相关机构签署了"一带一路"多领域合作协议，不断拓展与"一带一路"国家的合作广度和深度，积极深度参与国家"一带一路"建设。

第二，"一带一路"引领东中西部协同发展的重要性正在显现。在东部沿海地区继续保持对"一带一路"国家合作优势的同时，西部地区的对外合作水平也在不断提升。在对外贸易投资方面，东部地区是与"一带一路"国家经贸合作的主要地区，其中东部地区与"一带一路"国家贸易额最多，占中国与"一带一路"国家进出口总额的比重达 79.80%，而西部地区与"一带一路"国家贸易额占本地区外贸总额的比重最高（见图 1－9），与 2016 年相比，70.97% 的省区市对"一带一路"贸易额有所增长，其中增速最快的省区市分别是新疆、河北、四川，增幅均在 60% 以上。而且西部省区市的投资水平和能力也在不断提升，2014 年以来西部地区的对外投资增速不断提高（见图 1－10）。

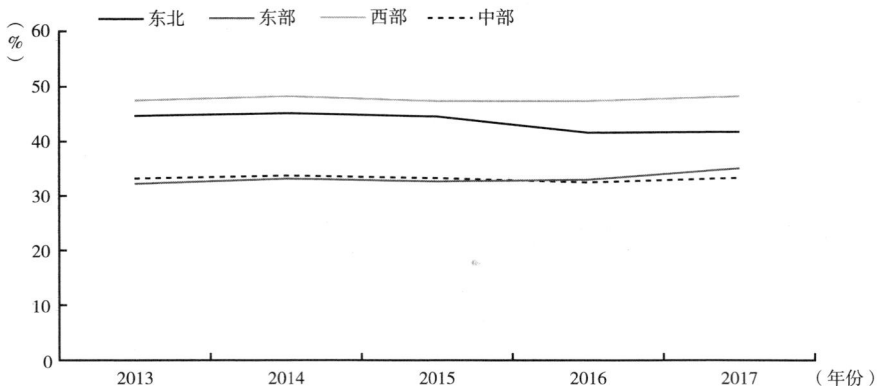

图 1－9　五年来各区域与"一带一路"国家贸易额及
占本区域外贸总额的比重变化

资料来源：海关总署。

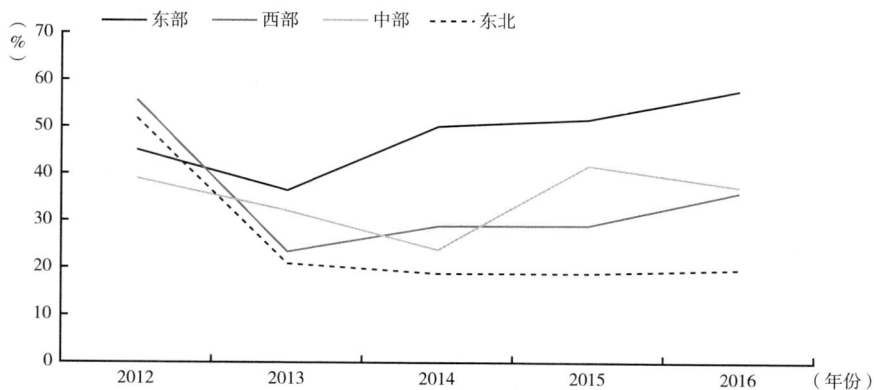

图 1-10 2012～2016 年各区域对外投资增速比较

资料来源：《2016 年度中国对外直接投资统计公报》。

　　铁港、空港等多式联运发展及中欧班列的开行打通了陆海联运、东西双向的物流通道。截至 2018 年 4 月，中欧班列途经数量排名前十的省区市中，中西部占据一半以上（见图 1-11）。中西部地区正在逐步走向开放前沿，中欧班列逐渐形成助推中部和西部地区对外贸易发展的新动力。

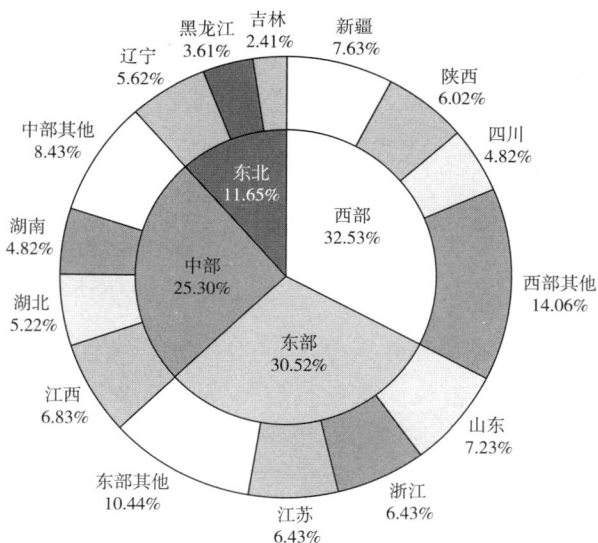

图 1-11 四大区域中欧班列途经省区市数量占比

四 "一带一路" 国际合作面临新挑战

当前, 国际和地区形势复杂多变, 不稳定不确定因素增多, 世界各国围绕利益、规则的地缘博弈日益激烈, "一带一路" 所处的外部地缘环境和舆论环境多变, 随着 "一带一路" 项目的密集落地, 新问题、新挑战也不断凸显。

第一, 国际形势复杂多变, "一带一路" 建设外部环境充满变数。一是中国周边地区形势正发生复杂深刻变化。美国对中国定位发生变化, 由 "不太令人满意的合作伙伴" 转变为 "主要竞争者", 计划与日本、印度、澳大利亚联手推动 "印太战略"; 印度、日本联合推出 "亚非增长走廊" (又称 "自由走廊"); 2018 年 12 月 30 日, 横跨亚太 11 个经济体的全面与进步跨太平洋伙伴关系协定 (CPTPP) 正式生效, 2019 年 1 月 19 日召开第一次扩容讨论会, "一带一路" 建设的周边环境更富竞争性。二是全球贸易保护主义风向日益严重。2018 年 3 月以来, 中美经贸摩擦对全球经济产生的负面影响开始显现, 全球贸易保护主义逐渐升温加码, 可能在 "一带一路" 沿线国家形成外溢效应, 2018 年以来, 印度、菲律宾、摩洛哥、埃及、土耳其、印度尼西亚、泰国、巴基斯坦等国家对中国出口产品发起新贸易救济调查。在对外投资方面, 2018 年以来, 美国、欧盟、英国、德国、澳大利亚、法国、匈牙利等国家逐渐加强对外国投资并购的审查力度, 中资走向海外面临越来越多的阻碍。

第二, 沿线国家整体投资环境有待健全, 增加项目建设不确定性。一是政权更迭频繁面临较高政治风险。一方面, "一带一路" 沿线国家多为发展中国家, 部分沿线国家政治制度尚不健全, 随着政权在不同政党间更迭, 其政策缺乏连续性, 不同党派对外资持有不同的政策观点, 部分中资项目面临新政权的重新审查的程序, 其中涉及的土地征用、自然资源开发等重大项目更容易成为新政权否决的对象; 另一方面, 不同政治势力间诉求矛盾得不到调和, 影响项目落地及建设。部分 "一带一路”国家的地方管理属于中央和地方分权的模式，如中央与地方关于项目利益分配的问题没有得到妥善处理，项目可能遭遇阻碍。二是政府治理能力低和市场营商环境差成为多数国家的短板。"一带一路"沿线国家大多为发展中国家，市场经济制度和私营部门发展状况还不完善。根据世界银行发布的《营商环境报告》，大多数国家的营商环境便利化程度较低，在企业运营不善、面临破产重组的时候缺乏相应法律机制的保障。另外，许多国家地理环境复杂、基础设施比较落后、标准不一，各国各阶层参与动机迥异、兼顾各方利益较为困难、地缘政治关系复杂、缺乏政治互信与向心力等，导致中资在沿线国家投资及承建的基建项目进展缓慢、成本高企。

第二节　开展"一带一路"风险研究十分必要

随着"一带一路"建设向高质量发展的转变，强化风险防范意识成为下一阶段工作的重点。2018 年 8 月 27 日，在推进"一带一路"建设工作 5 周年座谈会上，习近平总书记强调，要高度重视境外风险防范，完善安全风险防范体系，全面提高境外安全保障和应对风险能力。2019 年 1 月 21 日，在省部级主要领导干部坚持底线思维着力防范化解重大风险专题研讨会开班式上，习近平总书记强调要统筹国内国际两个大局、发展安全两件大事，既聚焦重点，又统揽全局，有效防范各类风险连锁联动。要加强海外利益保护，确保海外重大项目和人员机构安全。要完善共建"一带一路"安全保障体系，坚决维护主权、安全、发展利益，为我国改革发展稳定营造良好外部环境。

"一带一路"沿线涉及众多国家，中资企业与东道国合作的重大项目在各个阶段面临复杂多变的外部风险。例如，根据全球最大的城市数据库网站 numbeo 发布的《世界犯罪及安全指数（2018）》[①] 的结果看，全球国家犯罪

---

① 　https：//www.numbeo.com/crime/rankings_ by_ country. jsp？title = 2018.

指数平均得分为 44.01 分，其中所含 53 个 "一带一路" 沿线国家中有 19 个国家的犯罪指数高于全球平均水平，占比为 35.85%；根据全球恐怖主义数据库 (GTD)[①]，在 "一带一路" 沿线 64 个国家中，2013～2016 年共有 51 个国家遭受过恐怖袭击，占比达 79.69%；美国体系和平研究中心发布的《2017 年全球报告：冲突、治理和国家脆弱状态》[②] 发布了全球 166 个国家的世界政府脆弱性指数排名情况，其中包含 60 个 "一带一路" 沿线国家。根据排名结果，全球国家政府性脆弱指数平均分为 8.03 分，有 25 个沿线国家的政府脆弱性指数高于全球平均分，占到参评沿线国家样本数的 41.67%。据不完全统计，五年来，从公开渠道报道看，中国企业海外投资并购遭遇挫折的案例达 75 起，2016～2018 年，案例数量有明显上升的趋势。

现有的相关国家风险研究一般以西方国家的立场选取全球部分国家进行风险等级评估，针对 "一带一路" 国家且适用于中国企业海外投资项目的风险评估研究较为缺乏。因此，基于中国企业在 "一带一路" 国家投资项目类型、推进受阻重点项目案例等综合分析 "一带一路" 重点合作国家和地区的风险类型、诱发因素、影响烈度等，构建 "一带一路" 国际合作风险评估指标体系并对 "一带一路" 国家的风险水平进行全面评估，对于中国企业到 "一带一路" 国家投资和承建项目更具有现实的指导意义，能够为企业提供风险信息提示，提高其应对突发事件、规避各类风险的管控能力。"一带一路" 国际合作风险评估是风险监测预警的研究基础，在风险评估体系的基础上建立更及时、更细致的风险监测和预警体系，将进一步及时帮助企业识别、诊断、预警、防控各种风险，保障中资企业尽可能规避风险影响。

---

① https：//www. start. umd. edu/gtd/.

② 《2017 年全球报告：冲突、治理和国家脆弱状态》（*Global Report 2017：Conflict, Governance and State Fragility*）由美国体系和平研究中心（Center for Systemic Peace）在 2017 年 8 月 27 日发布，参见 http：//www. systemicpeace. org/globalreport. html。

第三节　本书研究内容及框架

　　本书从"一带一路"建设面临的风险现状着手，通过对风险理论与实践的梳理与研究，构建针对我国企业"走出去"参与"一带一路"建设的"一带一路"国际合作风险评估体系，并开展"一带一路"国家风险评估和案例分析，最后提出具体对策建议。全书共分七个章节，具体包括：第一章绪论，简要梳理"一带一路"建设成效以及面临的风险与挑战，提出开展"一带一路"国际合作风险研究的必要性；第二章风险研究相关理论与实践，介绍了风险管理理论、国家风险理论、国家风险评估理论的概念、内涵及核心内容，总结了当前主要的国家风险评估实践；第三章"一带一路"国际合作风险评估体系的构建，结合"一带一路"重点合作国家和地区的风险类型、诱发因素、影响烈度等，研究提出了"一带一路"国际合作风险评估模型及详细指标体系；第四章"一带一路"国际合作风险评估实践，介绍了评估过程，根据实际情况选取重点风险评估指标对"一带一路"国家风险等级进行评估和分析；第五章"一带一路"国际合作风险识别与预警，以巴基斯坦为例，按照第三章提出的评估体系，从政治风险、经济风险、营商环境风险、对华关系风险等方面分析了与巴基斯坦开展"一带一路"合作的风险，并提出了预警建议；第六章"一带一路"国际合作风险防范与应对策略，从建立机制、数据共享、平台建设、应急处置、支撑体系等方面提出了风险防范和应对的建议；第七章建立"一带一路"风险大数据支撑体系，阐述了"一带一路"风险大数据支撑体系建设的具体思路、建设内容和实施路径。全书研究逻辑框架见图 1 - 12。

基于大数据的"一带一路"国际合作风险研究

绪论

"一带一路"国际
合作进入新阶段

"一带一路"国际合作
风险研究十分必要

研究基础

理论与实践研究

风险管理理论

国家风险理论

国家风险评估实践

风险评估指标
体系构建

"一带一路"国际合作风险分析模型构建

"一带一路"国际合作风险评估指标设计

政治风险

经济风险

营商环境风险

对华关系风险

风险评估

"一带一路"国际合作风险评估

评估过程

评估结论

案例分析

风险识别与预警 → 以巴基斯坦为例

应对策略

"一带一路"国际合作风险防范与应对

构建风险防控协调机制

开展风险信息汇集与共享

实施风险预警管理

做好风险应急响应

调动各方支撑力量

支撑体系

建立"一带一路"风险防范大数据支撑体系

建设思路

体系架构

实施路径

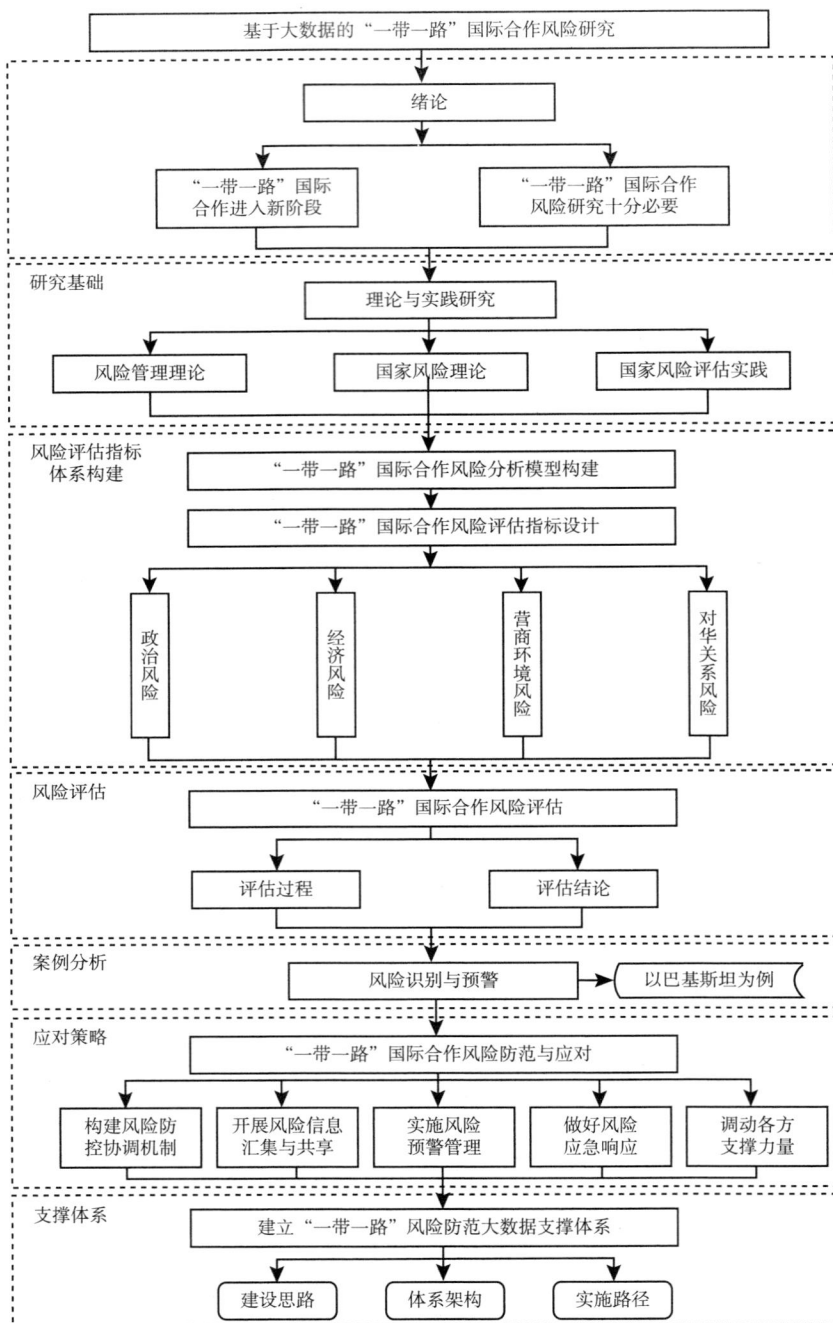

图 1-12 本书逻辑框架

第二章
风险管理理论与实践综述

国际合作风险与东道国的投资环境，影响本国跨国企业海外业务拓展的成效。为了帮助企业规避风险，目前，国内外很多专家学者、专业组织及机构都开展了国家风险的研究与实践，在进行投资之前对所在国进行安全风险识别和防控已成为许多企业的共识与工作常态。

第一节　风险管理理论

一　风险

西方国家对于风险的研究起步较早。关于风险的概念，学界并未形成统一的观点。1901 年，美国学者 Willett 在博士论文《风险与保险的经济理论》中提出：风险是关于不愿意发生的事件发生的不确定性的客观体现。[①]这个定义指出风险的两个重要特征：一是风险的客观性，即风险是不以人的主观意愿而消失的；二是风险的不确定性，即风险的本质属性。1921 年，美国经济学家 Frank H. Knight 在《风险、不确定性和利润》书中进一步指出：风险具有"可测定的不确定性"，即通过对历史数据的统计，在概率论基础上加以分析计量，进而实现对不确定性的测定。1964 年，美国学者 C. Arthur Williams 和 Richard M. Heins 将人的主观因素导入风险概念之中，认为：风险是客观存在的，不因任何人事物而改变，但认识者的主观判断不同，导致风险的不确定性。这一论述揭示了风险的相对性特征。持此相同观

[①]　Wiltett A. H. , *Theory of Risk and Insurance* (University of Pennsylvania Press, 1951).

点的还有 Lawrence Galitz，他于 1998 年提出：风险不确定性是一种损失或收益的机会。他认为，这种不确定性导致风险成为一种中性的存在。其内涵扩充为：一是事物未来发展结果的不确定性；二是人对客观世界认识的局限性；三是一定程度上可度量和控制的属性。1983 年，日本学者武井励在吸收前人研究成果的基础上对风险的含义重新进行了表述，在其《风险理论》一书中，对风险定义为"是在特定环境中和特定期间内自然存在导致经济损失的变化"。1998 年中国学者赵曙明在《国际企业：风险管理》中将风险定义归结为"风险是在一定环境和期限内客观存在的，导致费用、损失与损害产生可以认识与控制的不确定性"。

由上述风险研究发展历程总结得出风险主要有如下特征：①客观性，即风险是客观存在的，这是不以任何人的主观意志为转移的；②偶然性，即风险是某种损失可能发生的不确定性，即使人们知道哪些种类的损失将会发生，还存在这些损失是否会发生的不确定性问题；③相对性，即风险相对于不同的主体和情景会存在差异性特征；④可测性，即风险是可以借助相关统计分析进行估计的；⑤可控性，即我们可以借助风险管理和控制来降低风险；⑥共存性，即风险与收益是共存、对等的。

二 风险管理

风险管理理论和实践始于 20 世纪 30 年代的美国保险业。1931 年，美国管理协会保险部开始倡导风险管理，并研究风险管理及保险问题。1950 年，Gallagher 在《风险管理：成本控制的新阶段》论文中，提出了"风险管理"的概念。美国学者 James C. Cristy 在《风险管理基础》一书中提出："风险管理是企业或组织为控制偶然损失的风险，以保全获利能力和资产所做的一切努力集合。"以 Mehr 和 Hedges 的《企业风险管理》（1963）、C. A. Williams 和 Richard. M. Heins 的《风险管理与保险》（1964）的出版为标志，风险管理真正作为一门学科开始出现。Williams 和 Heins 指出，"风险管理是通过对风险的识别、衡量和控制而以最小的成本使风险所致损失达到最低程度的管理方法。"20 世纪 90 年代起，全面风险管理逐渐成为国外学术界和企业界的研究热点。国内对风险管理的研究起步较晚，20 世纪中期开始，一些旅美学者将风险管理理念引入中国。如留美学者袁宗蔚在 1957 年出版的《保险学》中提出："风险管理是包括识别风险、衡量风险、积极管理风险、有效处置风险及妥善处理风险所致损失等一整套系统而科学的管理方法。"1997 年后至今，国内有关风险管理的研究大量涌现，研究领域逐步扩大到投资并购、贸易、工程等各个方面。

三 风险管理的发展历程

参照一般管理理念的发展历程，风险管理的学术发展历程可以划分为三个阶段：传统风险管理阶段、现代风险管理阶段、全面风险管理阶段。[①]

（一）传统风险管理阶段（20世纪90年代以前）

传统风险管理是一种被动型风险管理，强调利用损失控制和内部合规来实现风险成本的最小化，风险管理的主要内容是信用风险和财务风险。这一阶段，企业一般采用专业化或部门化的方式对不同类型的风险分别进行管理，不同部门风险管理政策和工具是相互独立的。国内学者陈志国认为由于传统风险主要是指那些带来损失的风险，因此传统风险实质上属于纯粹风险，传统风险管理往往是对部分纯粹风险的管理，且传统风险管理技术与方法相对单一，主要对客观危害型风险进行控制与管理，着重于单个损失或损害的分离管理，缺乏对关联风险、背景风险甚至集合风险的整体化管理的策略和技术。

（二）现代风险管理阶段（1992~2001年）

随着企业不同类型风险之间的联系更加紧密，对风险进行分割管理的被动式管理已无法适应行业竞争的加剧。Kent D. Miller 提出了"整合风险管理"（Integrated Risk Management）的概念，认为整合风险管理是一种从整体上考虑系统面临的各种风险，建立前瞻性的优化组合机制的管理体系。随后理论界研究呈现百家争鸣，比较有代表性的是整合风险管理（Integrated

---

① 何春艳、刘伟：《风险管理研究综述》，《经济师》2012 年第 3 期；张轶、周吉：《风险管理理论综述》，《科技视界》2014 年第 17 期。

Risk Management)、完全风险管理（Total Risk Management）、综合风险管理（Global Risk Management）。工业管理、工程项目管理领域的学者，从控制和组织的角度提出了整合风险管理，强调从整体角度出发分析、识别、评价企业面对的所有风险并实施相应管理策略。Lisa Meulbroek 指出，整合风险管理就是对影响公司价值的众多因素进行辨别和评估，并在全公司范围内实行相应战略以管理和控制这些风险。[1] 心理学、社会学和经济学学者提出完全风险管理，认为风险管理活动应该涉及价格、偏好和概率三个要素，强调将三要素综合起来进行系统和动态的理性决策。金融机构学者提出了综合风险管理，强调对金融机构面临的风险做出连贯一致、准确和及时的度量。

（三）全面风险管理阶段（2001年至今）

进入 21 世纪，关于整体风险管理理论的研究逐渐融合，开始出现全面风险管理。2001 年北美非寿险精算师协会（CAS）在一份报告中明确提出了全面风险管理（Enterprise-wide Risk Management 或 Enterprise Risk Management，ERM）。CAS 对 ERM 的定义为：ERM 是一个对各种来源的风险进行评价、控制、应对、监测的系统过程，任何行业和企业都可以通过这一过程提升股东短期或长期的价值。[2] 2004 年，银行监管的国际标准制定者巴塞尔委员会正式发布巴塞尔新资本协议，正式提出 "全面风险管理" 概念且详细地表达了监管当局如何处理银行集团的风险监管思想。2004 年，美国 COSO 委员会发布了《企业风险管理——整合框架》，从风险管理目标、风险管理要素、风险管理层级对企业全面风险管理进行了全方位的描述。

四　全面风险管理框架

国内外影响力较大的风险管理框架主要有美国 COSO 于 2004 年颁布的《企业风险管理——整合框架》、国际标准委员会于 2009 年颁布的《风险管

---

[1]　Lisa Meulbroek, "The Promise and Challenge of Integrated Risk Management", *Risk Management and Insurance Review*, Vol 5, No. 1, 2002, p. 1.

[2]　The CAS Enterprise Risk Management Committee, "Overview of Enterprise Risk Management", 2003.

理——原则与指南》（ISO 31000）、中国国务院国有资产监督管理委员会
2006 年颁布的《中央企业全面风险管理指引》、中华人民共和国国家质量监
督检验检疫总局和中国国家标准化管理委员会于 2009 年联合发布的《风险
管理原则与实施指南》（GB/T 24353 – 2009）。我们从风险管理定义、风险
管理流程对四个框架进行比较分析（见表 2 – 1）。通过比较发现，四个框架
对风险管理的定义基本上达成共识，即风险管理是一个过程，通过评估不确
定性因素对目标的影响从而采取相应措施，为企业决策及突发事件的应对提
供支持。管理流程内容基本相同，区别在于反映的理念存在差异：COSO 强
调内部环境和目标设定；ISO 31000 强调沟通和协商以及环境的建立；《中
央企业全面风险管理指引》强调信息收集，在整个风险管理流程中贯穿信
息与沟通的内容；《风险管理原则与实施指南》强调风险评估的重要性。

表 2 – 1 四类风险管理框架的比较分析

风险管理框架	年份	风险管理定义	风险管理流程
《企业风险管理——整合框架》	2004	企业风险管理是一个过程，是由企业的董事会、管理层和其他员工共同参与、应用于企业战略制定和企业内部各个层次和部门的，贯穿整个企业旨在识别影响组织的潜在事件，为组织目标的实现提供合理的保证	内部环境、目标设定、事件识别、风险评估、风险对策、控制活动、信息与沟通、监控
《风险管理——原则与指南》	2009	风险管理通过考虑不确定性及其对实现目标的影响以及评估对任何行动的需求来帮助决策	沟通与协商、确定环境、风险评估、风险处理、监控与回顾
《中央企业全面风险管理指引》	2006	本指引所称全面风险管理，指企业围绕总体经营目标，通过在企业管理的各个环节和经营过程中执行风险管理的基本流程，培育良好的风险管理文化，建立健全全面风险管理体系，包括风险管理策略、风险理财措施、风险管理的组织职能体系、风险管理信息系统和内部控制系统，从而为实现风险管理的总体目标提供合理保证的过程和方法	收集风险管理初始信息、进行风险评估、制定风险管理策略、提出和实施风险管理解决方案、风险管理的监督与改进
《风险管理原则与实施指南》	2009	风险管理通过考虑不确定性及其对目标的影响，采取相应的措施，为组织的运营和决策及有效应对各类突发事件提供支持，风险管理适用于组织的全生命周期及其任何阶段，其使用范围包括整个组织的所有领域和层次，也包括组织的具体部门和活动	明确环境信息、风险评估、风险应对、监督和检查

　　我国发布的国家标准《风险管理原则与实施指南》（GB/T 24353 – 2009）参考 ISO 31000《风险管理——原则与指南》编制而成，更符合我国实际的发展情况。指南中提出风险管理过程由明确环境信息、风险评估、风险应对、监督和检查四部分组成（见图 2 – 1），也是目前包含核心要素的一般性流程。①明确环境信息。通过明确环境信息，组织可明确其风险管理的目标，确定与组织相关的内部和外部参数，并设定风险管理的范围和有关风险准则，环境信息包括外部环境信息和内部环境信息。②风险评估包括风险识别、风险分析和风险评价三个步骤。风险识别是通过风险源、影响范围、事件及其原因和潜在的后果等，生成一个全面的风险列表；风险分析是根据风险类型、获得的信息和风险评估结果的适用目的，对识别出的风险进行定性和定量的分析，为风险评价和风险应对提供支持；风险评价是将风险分析的结果与组织的风险准则比较，或者在各种风险的分析结果之间进行比较，确定风险等级，以便做出风险应对的对策。③风险应对是选择并执行一种或多种改变风险的措施，包括改变风险事件发生的可能性或后果的措施。④监督和检查。组织应明确界定监督和检查的责任，监督和检查活动包括常规检查、监控已知的风险、定期或不定期检查。此外，在风险管理中还需要沟通和记录。组织在风险管理过程的每一个阶段都应当与内部和外部利益相关者

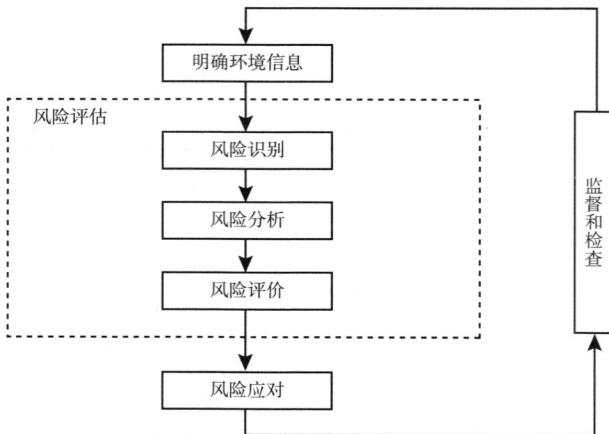

图 2 – 1　《风险管理原则与实施指南》（GB/T 24353 – 2009）风险管理过程

有效沟通，以保证实施风险管理的责任人和利益相关者能够理解组织风险管理决策的依据，以及需要采取某些行动的原因，在风险管理过程中，记录是实施和改进整个风险管理过程的基础。

第二节　国家风险理论

国家风险研究与世界经济发展趋势密不可分。国家风险的研究开始于20世纪50年代的银行跨境业务，伴随着跨国公司、自由贸易、市场经济、信息技术等运营与传递，各国经济逐渐密切联系在一起，当一国金融机构或政府提供跨国贷款等给另一国企业或政府时，可能会存在国家或主权风险，导致跨国经营活动失败或成本增加，基于此，国家风险的研究成为国际合作的重要课题。

一　国家风险的研究历程

各国对国家风险的认知与研究延展，大致经历五个阶段。

第一阶段，新兴主权国家兴起没收外国人资产的潮流，尤以20世纪50年代末60年代初的古巴革命最为严重，当地美资企业遭受巨大损失，引发西方对海外资产安全的研究。1959年，古巴爆发了国内革命，新政权将价值约15亿美元的400多家美资企业全部收归国有，对美国的海外财产实行国有化，加剧了美国与古巴之间的政治裂痕，当地政府革命对海外资产的影响以及对外国资产国有化的政策引发美国、欧洲等国家的高度关注，海外资产安全问题也令各国深感担忧。据统计，1960年到1977年，世界上将外国企业国有化的国家共有72个，累计事件达1972起之多，海外投资安全面临巨大挑战。由于1972年联合国大会并未明确规定政府没收外国人产权属于非法情况，并强调如果因没收引发争议，仅有产权所在国的法院对其有管辖权，且随着二战后第三世界国家的相继独立，东道国将外资企业国有化的可能性越来越大。针对以上状况，美国、欧洲等国家相继开展了对发展中国家政治风险范畴的国家风险问题的研究，需要防范发展中国家因经济环境或政治政策的变化影响发达国家的海外资产安全。

第二阶段，1973 年第一次国际石油危机爆发，引发全球经济的衰退，研究应对发展中国家的政治风险以及最大限度减轻政治风险对西方经济的负面影响，则成为国家风险研究的主要内容。[①] 国际石油危机导致国际原油价格飙升，抬高相关国家的物价水平及工业生产成本，削弱工业化国家的工业生产。在这一时期的国家风险研究中，在众多研究文献中，"政治风险" 更多被 "国家风险" 一词替代，国家风险的内涵不断丰富，其外延逐渐得到拓展。国际石油危机引发西方国家警惕，担心发展中国家以能源作为要挟强迫双方达成某种协议，美国等西方国家开始加强对发展中国家的国家风险研究，确保自身利益。

第三阶段，20 世纪 80 年代的拉美危机，再次引发西方对银行业的海外信贷领域风险问题的研究。70 年代，随着布雷顿森林体系的崩溃、金融自由化水平提高、浮动汇率制度建立等国际环境以及欧美国家经济陷入 "滞胀"，大量国际资本流入拉美地区以发展本地区国家的经济。但随着美联储持续采取紧缩货币政策，大量资金流出拉美地区，地区国家外债急剧膨胀，短期债务比例上升，偿债负担不断加重，偿债能力也在下降，最终资金链条断裂，将墨西哥、阿根廷等拉美国家以及作为债权人的西方银行拖入债务危机中，其中墨西哥最为明显，当地 200 多家美国中小银行破产，1400 多家国际银行难以收回总计 800 亿美元的本金与利息，墨西哥政局也随之动荡，国际经济危机爆发，银行的破产清理造成银行业务的资金周转的困难，国际金融界呈现混乱与萧条的状态，世界经济的发展遭到严重破坏。有鉴于此，风险管理、风险损失控制等成为国家风险研究的重点内容。

第四阶段，1997 年的亚洲金融危机通过相关国家和地区以 "跨境传染" 的方式对世界经济与政治的发展产生深远的影响，国家风险开始引起全球性的高度关注。1997 年 7 月，泰国宣布放弃固定汇率引发东南亚范围的金融

---

① Michel Henry Bouchet, Ephraim Clark and Bertrand Groslam-bert, *Country Risk Assessment: A Guide to Global Investment Strategy* (New York: Wiley, 2003), pp. 9 – 25.

风暴，随后马来西亚、新加坡、中国香港、韩国、日本相继受到冲击，亚洲主要经济体的经济开始萧条、衰退，一些国家开始出现政局动荡。最后，俄罗斯金融危机爆发，表明金融危机超出亚洲的区域性范围，直到1999年，金融危机才得以结束。此次金融危机的爆发引起发展中国家对国家风险的关注与研究。

第五阶段，21世纪国际政治与经济的格局发生新的变化，恐怖主义、单边主义、传染病、贸易与投资摩擦等一系列问题不断增加国家风险研究的维度，国家风险研究进入更全面、更高层次的新阶段。"9·11"事件、美国次贷危机以及欧洲债务等的产生与发展不仅对安全、金融等领域造成损失，还严重冲击本国经济、扰乱本国政治局势，对世界经济、国际政治格局、地缘安全等造成严重的破坏性影响。世界范围内各经济体的相互影响力度逐渐加深，国家风险的影响因素错综复杂，需要重新定义原有国家风险的研究界限与内涵，重新审视风险所产生的影响范围，国家风险的研究更加深入。

二 国家风险的内涵

截至目前，在学术界和实务界仍缺乏得到一致认可的国家风险定义。国家风险的提出，起源于20世纪60年代西方学者关于政治风险的研究，在此后的研究中，"国家风险""政治风险""主权风险"等说法均有出现。1970年后，"国家风险"的提法更加广泛，加拿大银行家P. Nagy在1978年提出"国家风险"的定义，"跨边界贷款中导致损失的风险，这种损失是由某个特定国家发生的事件所引起，而与企业或个人无关"。[①] P. Nagy强调国家风险具有跨国性、宏观性的特征，开启了后来学者对国家风险研究的新视角。随着不同投资领域的企业对国家风险的关注，以及国家风险所具有的链式传导效应，国家风险的内涵也在不断地扩充，到20世纪90年代，更多学者从

---

① P. J. Nagy, "Quantifying Country Risk: A System Developed by Economists At The Bank of Montreal", *Columbia Journal of World Business*, Vol. 13, No. 3, 1978, pp. 135 – 147.

更宽泛的意义上对其进行定义。以 Duncan H. Meldrum 为代表的西方学者针对国家风险开展的研究领域超出国际债务的问题,① 提出国家风险的新定义,"所有交易活动都面临不同程度的风险,但当发生跨国交易活动时,会面临国内不曾有过的风险,这种风险就是国家风险",进一步丰富了国家风险的内涵。两次石油价格的上涨和 1982 年的债务危机,也引起日本学界对国家风险的重视,井上久志认为国家风险是与商业风险相区别的概念,是指"在对外投资、贷款和贸易活动中,投资东道国本身的危险程度"。Herring 等提出国际投资者会面对宏观(社会政治)风险与微观风险,其中宏观风险包含战争、宗教冲突、革命等重大事件以及国家范围的价格控制、税负增长等。② 1996 年,Erb、Harvey、Viskanta 等认为,国家风险对全球投资战略具有重要的影响,并对国家风险概念的构成进行分析。20 世纪 80 年代后经济全球化和金融全球化获得迅猛发展,各种经济与政治风险频频发生,威胁各跨国企业正常的经营活动,在一些学者看来,凡是与企业跨国经营相关的风险分析都可以纳入国家风险的范畴。基于此,2000 年,Duncan H. Meldrum 提出可以囊括以上所有特征的国家风险定义,"所有交易都包含着某种程度的风险,除商业风险外,主要来自不同国家经济结构、政策、经济和政治机构、地理位置以及货币相关问题而引起的风险,被称作'国家风险'"。

作为一个市场经济体制的新兴国家,中国有关国家风险的研究仍处于起步阶段。国内学者宋清华认为,国家风险是指"债务国或投资对象国因其经济、政治或社会等方面的变化而使外国债权人或外国投资者蒙受损失的可能性"。③ 曹荣湘将国别风险比较宽泛地定义为,"国别风险是国际资本流动中面临的、因受特定国家层面事件的影响而使资本接受国不能或不愿履约,

---

① Duncan H. Meldrum, "Country Risk and a Quick Look at Latin America", *Bussiness Economics*, Vol. 34, NO. 3, 1999, pp. 30 – 37.

② Dunn J., Herring R. J., "Country risk: Social and cultural aspects", *Managing international risk*, 1983.

③ 宋清华:《国家风险述略》,《中南财经大学学报》1993 年第 1 期。

从而造成债权人损失的可能性"。① 徐向红、陈强认为国家风险应该是考虑一个国家的政治、社会、经济和环境等多种因素的综合性风险。② 侯坚认为国别风险是指跨国银行从事跨国界信贷、投资及金融交易时，因借款人（政府或企业）所处的国家环境因素发生意料之外的变化所可能蒙受的损失及收益的不确定性，国家环境因素变化指的是借款人所在国的经济、社会和政治等环境，他对国别风险的定义超越了主权风险和转移风险的范围。③ 张金杰认为，所谓国别风险是指，在对外投资、贷款和贸易活动中，外国资产在东道国所面临的危险程度，是源于因国别政治或经济形势变化而导致的外国暴露价值的变化，其主要特征是一种针对国外居民的国家经济主权行为，是不受国外居民控制的并导致国际商务合同无法践约的可能性风险。④

除学者研究外，国际性机构也对国家风险给予规范的定义。例如，1982年作为国际清算银行的正式机构——巴塞尔银行监理委员会对国家风险的定义为，"某主权国家不能或者不愿完成其外国债务责任"。瑞士银行家协会（Swiss Bankers Association）在《国家风险管理指南》中指出，"国家风险发源于由于国家政治、经济形势变化而导致的外国资产暴露价值的变化，其中包括转移风险和其他国家风险。转移风险主要是关于货币和资本自由流动的限制以及汇回投资者国内的有关限制；其他国家风险主要包括由政治、经济因素而导致的资产价值变化，由国家相关的关联性、流动性以及市场风险"。经济合作与发展组织（OECD）在《关于官方支持的出口信用准则的约定》中指出，国家风险包含五个基本要素，"由债务人的政府或政府机构发出的停止付款的命令、政治经济事件引起的贷款被制止转移或延迟转移、法律导致的资金不能兑换成为国际通用货币或兑换后不足以达到还款日应该

① 曹荣湘：《国家风险与主权评级：全球市场的评估与准入》，《经济社会体制比较》2003年第5期。

② 徐向红、陈强：《出口信用保险的国家风险初探》，《中国保险管理干部学院学报》2004年第5期。

③ 侯坚：《我国商业银行跨国经营中的国家风险评估及控制》，湖南大学硕士学位论文，2007。

④ 张金杰：《国家风险的形成、评估及中国对策》，《世界经济与政治》2008年第3期。

有的金额、任何其他来自外国政府的阻止还款措施、不可抗力（包括战争和内战、没收、革命、骚乱、民变、飓风、洪水、地震、火山爆发、潮浪以及核事故）。"① 中国银行业监督管理委员会于 2010 年 6 月发布的《银行业金融机构国别风险管理指引》将国别风险定义为，"由于某一国家或地区经济、政治、社会变化及事件，导致该国家或地区借款人或债务人没有能力或者拒绝偿付银行业金融机构债务，或使银行业金融机构在该国家或地区的商业存在遭受损失，或使银行业金融机构遭受其他损失的风险。"②

三 国家风险的评估

（一）国家风险评估要素

国外学者对于国家风险构成与分类的研究是从政治风险开始不断拓展的。1947 年，Franklin Root 将政治风险区分为转移风险、经营风险和资本控制风险。其中，转移风险指潜在的对资金、产品、技术和人员的限制；经营风险指在外国有关妨碍结果和业务管理的政策、管制、政府行政管理程序的不确定性；资本控制风险指对外国企业歧视、征收和强迫地方股权等。1996 年，Richard Cantor 在研究了 1995 年穆迪和标准普尔对 49 个国家的评级报告后发现，这两个机构的评级主要有 8 个宏观经济指标，包括 GDP 增长、通货膨胀、人均收入、外债、财政平衡、外部均衡、违约指标以及经济发展指标等。2000 年，Duncan H. Meldrum 将国家风险的构成归纳为六大因素，包括经济风险、转移风险、汇率风险、位置或地缘风险、主权风险、政治风险。③ 2003 年，Antonio Afonso 提出 4 个决定性的国家风险评级因素，即人均收入、经济发展指标、通货膨胀率及违约率。④ 2005 年，Juliana Yin 和

---

① OECD, "Arrangement on Officially Supported Export Credits", http：//www. olis. oecd. org/olis/ 2004doc. nsf/LinkTo/NT0000932A/SFILE/JTOO177671. PDF, January25, 2004.

② http：//www. cbrc. gov. cn/chinese/home/docDOC_ ReadView/20100623371380EBFDBEA477FF 6924F3C 61D3900. html.

③ D. H. Meldrum, "Country Risk and Foreign Direct Investment", *Business Economics*, 2000.

④ A. Afonso, "Understanding the Determinants of Sovereign Debt Ratings：Evidence for the Two Leading Agencies", *Journal of Economics and Finance* 27 (1), 2003, pp. 56 – 74.

Heather Mitchell 在对国别风险进行评定时选取了五类评级指标：经济、政府基本面、支付平衡、外部性、政治风险。[①] 2006 年，Joshua B. Levy 和 Eunsang Yoon 在对国别风险进行评估时将指标分为非经济因素和经济因素。其中，非经济因素包括政治因素和社会因素；经济因素包括汇率和贸易收支差额。[②] 2007 年，Madhu Vij 和 M. C Kapoor 在以印度为例的国家风险分析中涉及指标包括政治、经济以及社会文化，其中政治因素着重于政府行为、政治稳定程度、政治领导人行为、政体改变的可能性、战争的威胁等；经济因素主要涉及宏观政策；社会文化因素主要涉及政治抗议、居民文化水平、基础设施建设、环境污染、公司治理发展水平等。[③]

国内关于国家风险评估指标体系研究目前还处于探索阶段，评估指标体系尚未成熟。张金水等采用实际 GDP 增长率、外债、汇率等指标，并运用非线性变量的 Logit 模型对国家风险进行了研究。[④] 张金杰指出，国家风险由社会政治风险、经济风险和自然风险构成，而社会政治风险由政治决策风险、社会风险和政治风险组成。[⑤] 社会政治风险是指任何社会团体、政治组织及政府机构对外国企业所从事的跨国经营活动可能产生的消极影响或资产损失的可能性；经济风险主要来自东道国经贸及金融领域的影响因素；自然风险指地震、瘟疫等自然灾害和突发事件。刘宏、汪段泳将中国海外直接投资面临的主要外部风险分为政治风险、主权风险、安全风险、法律风险、文

① Juliana Yin, Heather Mitchell, "Comparison of Country Risk Models, Hybrid Neural Networks, logit Models, Dscriminant Analysis and Cluster Techniques", *Expert Systems with Applications* 28, 2005.

② J. B. Levy, E. Yoon, "Modeling Global Market Entry Decision by Fuzzy Logic with an Application to Country Risk Assessment", *European Journal of Operational Research* 82 (1), 2006, pp. 53 – 78.

③ M. Vij, M. C. Kapoor, "Country Risk Analysis", *Journal of Management Research* 7 (2), 2007.

④ 张金水、连秀花：《国家经济风险评价模型的一种改进》，《清华大学学报》（哲学社会科学版）2005 年第 6 期。

⑤ 张金杰：《国家风险的形成、评估及中国对策》，《世界经济与政治》2008 年第 3 期。

化风险、工会及利益相关者风险和环保风险。[①]

（二）国家风险评估方法

国家风险评估的步骤一般是建立指标体系，通过数量方法赋予权重并进行计算来评估各国国家风险的程度。关于国家风险评估使用的方法，经历了从初期采取定性打分方法到定量统计计算的过程。定性分析方法包括清单分析、德尔菲法、结构定性分析等，F. Haner 提出的商业环境风险指数、《欧洲货币》杂志、《机构投资者》杂志以及 Frost and Sullivan 保险公司等均采用定性分析方法评估国家风险，这种评估方法简单直观但主观性较强，不同评级机构的评定结果具有较大差别。使用最多的定量统计方法包括线性回归模型、Logit 回归模型、多元判别模型、资产定价模型（CAPM）等。例如，Jüttner 和 McCarthy 通过包括 13 个变量的模型，对全部市场和新兴市场、亚洲金融危机前后的国家风险分别进行了实证研究；Lee、Balkan、Marashaden、Aylward&Thorne 等运用 Logit 模型对主权债务风险进行实证研究；Frank 和 Chine 运用多元线性判别模型考察 1960～1968 年 23 个国家发生的 13 次债务重组事件，发现偿债率、进口与国际储备比率、分期付款与债务比率是三个最具统计意义的指标；[②] Gangemi、Jorge C. Avila 采用 CAPM 模型对贝塔值进行测算估量国家风险的程度，并分别研究了澳大利亚和阿根廷的国家贝塔值。

相较于国际学者对国家风险评估使用的方法，国内机构或学者采用的方法相对简单。在定性研究方面，曹荣湘对主权评级的发展脉络进行梳理，简单分析了相关主权评级机构以及主权评级模型；[③] 孙涛、张晓晶研究中国国家综合负债规模与结构动态的变化；[④] 李林林从政治经济学、制度经济学和

---

① 刘宏、汪段泳：《"走出去"战略实施及对外直接投资的国家风险评估：2008—2009》，《国际贸易》2010 年第 10 期。

② 顾乾屏、何珊、解志烨、张富强：《国家风险评价方法比较研究》，《金融教学与研究》2008 年第 4 期。

③ 曹荣湘：《国家风险与主权评级：全球资本市场的评估与准入》，《经济社会体制比较》2003 年第 5 期。

④ 孙涛、张晓晶：《开放视角下的国家综合负债风险与市场化分担》，《经济研究》2007 年第 7 期，第 64～73 页。

金融系统协调等不同角度阐述了国家风险的管理机制。[1] 总体来说，研究偏向理论阐述，较少采用量化分析的研究手段。在定量研究方面，姚龙、吴思针对某国有控股银行的国家风险评级结构，通过建立线性回归模型，对评级的决定性因素以及评级的效果进行实证分析；[2] 毋兴尝试将 Black Scholes 模型从公司定价方面的应用转移到主权风险的评估；[3] 李建平、何琬、孙晓蕾证实小波灰色马尔可夫模型在对石油资源国的国家风险得分拟合与预测中均有较好的效果。[4]

第三节　国家风险评估实践

现阶段业界普遍把主权信用风险视作国家风险的组成部分。根据不同的目标导向，国家风险与主权风险的评估指标体系也有所不同。从目前国内外机构对国家风险的评估实践来看，可以划分为三类。

一　综合风险评估

经济学人智库（Economist Intelligence Unit，EIU）、政治风险服务集团（The Political Risk Services Group，PRS）、环球透视（IHS Global Insight，GI）、《欧洲货币》（*Euromoney*）和《机构投资者》（*Institutional Investor*）等国外机构以及中国社会科学院世界经济与政治研究所、中国出口信用保险公司、中债资信评估有限责任公司等国内机构均从不同维度对国家风险进行了评估。

经济学人智库提供的国家风险服务对 131 个国家和地区的国家风险进行测评，通过对主权风险、货币风险和银行业风险的评分进行平均计算得出，

---

① 李林林：《关于国家风险与主权信用评级的研究》，中国社会科学院研究生院博士学位论文，2013。

② 姚龙、吴思：《国家风险违约概率决定因素的实证检验》，《统计与决策》2008 年第 19 期。

③ 毋兴：《国际主权评级理论方法研究及在我国的应用》，山西财经大学硕士学位论文，2008。

④ 李建平、何琬、孙晓蕾：《中国主要石油进口来源国国家风险预测模型与应用》，《数学的实践与认识》2010 年第 7 期。

这三种风险则分别根据政治/机构、经济政策、经济结构、宏观经济、融资和流动性五个指标按照不同规则计算得出。

政治风险服务集团每月发布的《国际国家风险指南》（*International Country Risk Guide*）对 140 个国家进行测评，包括政治风险、金融风险和经济风险三个维度，其中政治风险权重占 50%，政治风险细化指标占总体指标数量的 69.70%。

环球透视发布的《国家风险分析》对 196 个国家和地区进行测评，风险评估可以细化至一国内某区域的测评，指标体系所包含的维度比较全面，除了包括常见的政治风险和经济风险，还将安全风险、法律风险、税务风险和运营风险列为独立的风险因素，相较其他机构更侧重对营商环境风险的评估。

《欧洲货币》杂志的《国家风险指数》对 187 个国家和地区的风险进行测评，包括政治风险、经济表现、结构评价、债务、资信等级、融资渠道及进入市场便利性六个维度。

《机构投资者》杂志发布的《国家信用调查》报告对 179 个国家进行测评，涵盖国家风险的九大要素：经济展望、债务、金融储备/资本账目、财政政策、政治展望、资本市场准入度、贸易收支、流入的证券投资和外国直接投资。

中国社会科学院世界经济与政治研究所自 2013 年开始，每年发布《中国海外投资国家风险评级》，从经济基础、偿债能力、社会弹性、政治风险和对华关系五个维度，对 57 个国家进行测评。

中国出口信用保险公司从 2005 年起每年发布《国家风险分析报告》，覆盖 192 个国家，从政治风险、经济风险、商业环境风险和法律风险四个维度进行测评，并对未来风险等级进行展望。

此外，中债资信评估有限责任公司从政治风险、经济风险、营商环境风险、汇兑风险、对华关系（调整项）五个维度对国家风险进行测评。

二 主权信用评估

标准普尔（Standard & Poor's）、穆迪（Moody's）、惠誉（Fitch）等国外

机构及中诚信国际信用评级有限公司、联合资信评估有限公司和大公国际信用评级集团有限公司等国内主权信用评级机构均构建了国家主权信用评级体系。

标准普尔对 127 个国家和地区进行评级，在评级过程中，政治评估和经济评估结合形成"政治和经济状况"，同时外部评估、财政评估和货币评估形成"弹性和表现状况"，再通过这两大方面的评级矩阵得到初步结果。

穆迪对 120 个国家和地区进行评级，其主权信用评级的分析过程分为三个步骤：第一步是根据被评价国家的经济实力和体制实力两方面来确定国家经济的弹性；第二步直接针对债务事项，特别是对政府的财务实力和对事件风险的敏感性两个因素来综合衡量政府的财务稳健性；第三步对照国家经济的弹性和政府财务稳健性的评级结果，明确主权信用评级区间，最终评级结果根据同业比较以及对尚未充分掌握的其他因素进行衡量后得出。

惠誉对 118 个国家进行评级，其指标体系包括经济结构特征、宏观经济表现和政策及前景、公共财政、外部财政四个维度，其中经济结构特征权重达 53.6%。

中诚信国际信用评级有限公司 2015 年首次发布了《"一带一路"沿线国家主权信用风险报告》，从政治风险、经济风险、财政风险、债务风险四个维度进行测评。

大公国际信用评级集团有限公司自 2010 年起，发布国家主权信用评级报告，覆盖 100 个国家和地区，从影响财政收入、外汇储备和债务未来发展趋势的角度，将评级要素分为四个方面：政治环境、经济实力、财政状况、外债与外部流动性。

联合资信评估有限公司对 30 个国家和地区进行评级，从国家治理、宏观经济、结构特征、公共财政、外部融资五个维度进行测评。

三　专项风险评估

除了综合的风险评估体系外，一些机构针对国家风险涉及的政治、经济、社会、法律等专项要素进行了研究，包括世界银行的营商环境报告、世界正义工程的法治指数（Rule of Law Index）、经济与和平研究所的世界和平指数和全球恐怖主义指数等。

世界银行选取开办企业、办理施工许可、得到电力、登记财产、获得信贷、保护少数投资者、纳税、跨境贸易、合同履行、破产处理和劳动力市场规章制度 11 个指标，对全球 190 个经济体的营商环境进行测评。

世界正义工程发布的法治指数从腐败程度、对政府权力的限制、政府开放度、基本权利、秩序和安全、监管执行、民事司法、刑事司法 8 个方面对 113 个国家和地区的法治情况进行评估。

经济与和平研究所的世界和平指数从持续的国内和国际冲突、社会安全与防护、军事化三个方面，采用 23 个定性和定量指标对 163 个国家和地区进行评估；全球恐怖主义指数从恐怖袭击的总次数、总意外死亡人数、总受伤人数、总财产破坏额四个方面，对 163 个国家和地区遭受恐怖主义的影响进行评估。

中国对外承包工程商会发布的 "一带一路" 国家基础设施发展指数由发展环境指数（政治环境、社会环境、金融环境、营商环境）、发展潜力指数（市场需求和生产要素资源）、发展趋势指数（基础设施增长速度与跨国基建项目热度）三个指数构成，对 63 个国家进行了测评。

中国工银标准银行有限公司与牛津经济研究院联合发布的 "一带一路" 经济指数包括 "一带一路" 经济稳健指数（宏观经济、风险展望）和 "一带一路" 中国互通性指数（贸易、资本、人力）两个子指数，对 65 个 "一带一路" 沿线国家进行测评。

第三章

"一带一路"国际合作风险评估体系的构建

"一带一路"建设是在新的国际国内形势下，把握我国重要战略机遇期，推动对外开放的新举措，但中国企业在对"一带一路"国家进行跨国投资、承建及运营项目时会面临来自东道国国家层面的诸多复杂风险，"一带一路"国际合作风险评估旨在从国家风险角度构建"一带一路"国际合作风险评估指标体系，全面识别并评估"一带一路"国家风险状况，测评中国投资者在跨境投资合作活动中，因东道国政治、经济、社会等因素变化而遭受损失的可能性及损害程度，为中国企业提供"一带一路"投资风险信息指南。

第一节 评估模型构建

一 理论模型

评估指标体系的设计以"一带一路"国际合作为导向，注重反映中国企业在"一带一路"不同国家投资合作所面临的风险等级，既从东道国单边的角度考察"一带一路"国家层面的风险，也从双边合作的视角考察各个国家对华关系的友好程度。在评估体系一级指标维度的选取上，现有研究机构基本上涵盖了政治风险、经济风险、营商环境风险这三个方面。截至目前，据不完全统计，已发布或正在研究国家风险相关评估实践的机构共有14家，其中国外8家，国内6家（见表3-1）。经梳理一级指标（或维度）

发现，在 14 家机构对国家风险的测评一级指标①中，政治风险出现 13 次，经济风险出现 14 次，营商环境风险出现 7 次，出现比例均超过 50%，从政治风险、经济风险、营商环境风险等维度对国家风险进行评估是国内外主要评级实践的共识。此外，我国的研究机构如中国社会科学院世界经济与政治研究所、中债资信等加入了"对华关系"维度。对华关系将会持续影响投资合作项目的落地及后续实施，关系的友好与否会在一定程度上对中国企业跨国投资产生积极或消极影响，良好的对华关系是降低中国企业在"一带一路"国家投资风险的重要缓释器。同时，对华关系也是区别于其他的国家风险评级、为评估中国企业在"一带一路"国家投资所面临风险而量身定制的特色指标维度。

表 3 – 1   国内外主要评级机构采用的一级指标/维度

序号	机构名称	一级指标/维度	政治风险	经济风险	营商环境风险
1	经济学人智库（Economist Intelligence Unit, EIU）	政治/机构	✓		
		经济政策		✓	
		经济结构			
		宏观经济			
		融资和流动性			
2	政治风险服务集团（PRS）	政治风险	✓		
		经济风险		✓	
		金融风险			
3	环球透视（IHS Global Insight, GI）	政治风险	✓		
		安全风险			
		经济风险		✓	
		法律风险			
		税务风险			✓
		运营风险			

---

① 某些一级指标的含义包括多种风险，例如惠誉的"结构特点"指标包含政治风险、经济风险、营商环境风险，因此某个机构的指标可能会存在统计 1 遍以上的情况。

续表

序号	机构名称	一级指标/维度	政治风险	经济风险	营商环境风险
4	《机构投资者》(Institutional Investor)	政治风险	✓		
		汇率风险		✓	
		经济风险			
		主权风险			
		转让风险			
5	《欧洲货币》(Euromoney)	政治风险	✓		
		结构评价			✓
		经济表现		✓	
		债务指标			
		进入银行融资/资本市场的渠道			
		资信等级			
6	中国社会科学院世界经济与政治研究所	经济基础		✓	
		偿债能力			
		社会弹性			✓
		政治风险	✓		
		对华关系			
7	中国出口信用保险公司	政治风险	✓		
		经济风险		✓	
		商业环境风险			✓
		法律风险			
8	中债资信评估有限责任公司	政治风险	✓		
		调整项:对华关系			
		经济风险		✓	
		汇兑风险			✓
		营商环境风险			
9	标准普尔(Standard & Poor's)	政治评估	✓		
		外部评估		✓	
		经济评估			
		财政评估			
		货币评估			
10	惠誉国际信用评级有限公司(Fitch Ratings)	结构特点	✓		✓
		宏观经济表现、政策及前景		✓	
		公共财政			
		外部财政			

续表

序号	机构名称	一级指标/维度	政治风险	经济风险	营商环境风险
11	穆迪投资服务公司（Moody's Investors Service）	经济弹性		✓	
		财务稳健性			
12	中诚信国际信用评级有限公司	经济风险		✓	
		财政风险			
		债务风险			
		政治风险	✓		
13	大公国际信用评级集团有限公司	政治环境	✓		
		经济实力		✓	
		财政状况			
		外债与外部流动性			
14	联合资信评估有限公司	国家治理	✓		
		宏观经济		✓	✓
		结构特征			
		公共财政			
		外部融资			
总计			13	14	7

因此，本书从政治风险、经济风险、营商环境风险、对华关系风险四个方面构建 "一带一路" 国际合作风险评估理论模型（见图 3-1），并进一步梳理了 "一带一路" 国际合作风险评估指标体系各测评维度之间的逻辑

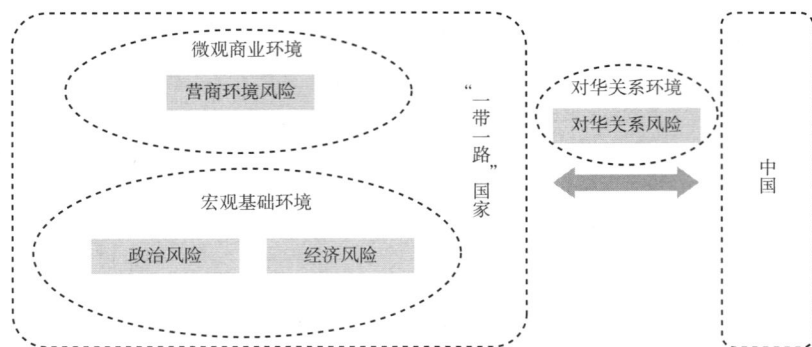

图 3-1 "一带一路" 国际合作重大风险分析模型

关系。在东道国层面，从宏观基础环境和微观商业环境进一步对风险进行划分，其中，政治风险和经济风险是中国企业在"一带一路"国家投资所面临的宏观基础环境因素，营商环境风险是与投资项目落地和推进过程直接相关的微观商业环境因素；在双边关系层面，对华关系是除东道国自身风险因素外，关联东道国与中国的双边关系因素。

二　模型解析

基于"一带一路"国际合作风险评估理论模型，我们将重点从政治风险、经济风险、营商环境风险、对华关系风险四个维度进一步识别和分析具体风险，构建"一带一路"国际合作风险评估指标体系。

政治风险主要测度"一带一路"国家因发生政治失序事件或者外部不稳定因素导致该国政治局势动荡或社会秩序混乱而给我国跨境投资和项目建设带来损失的可能性及严重程度。"一带一路"倡议下的基础设施、能源、贸易、金融、人文等各个领域的项目合作都离不开"一带一路"东道国政府的大量参与。该国政局动荡很难保证现政府与前政府在政策上的连贯性，对于中国的投资项目持有的态度也不尽相同，可能会重新审查中资项目，导致项目推迟或中断；内部不同利益冲突所引发的民族与宗教冲突和内乱、恐怖主义威胁等将有可能导致项目在推进过程中受到多方阻力，使中国投资企业遭受重大财产损失；外部势力干扰、国际制裁等外部稳定性因素也将影响该国与中国经济合作的态度。因此，较低的政治风险是企业安全投资的先决条件之一。

经济风险主要测度因东道国宏观经济运行环境、金融稳定与外债偿付等经济因素的变化使从事跨境投资的中国企业蒙受经济损失的可能性及损害程度。按照目前国外学者以及世界主要评估机构的研究，在引发国家风险的因素中，经济风险对跨境投资活动将产生最为明显和直接的持续性影响。相对稳定的宏观经济环境是跨境投资合作正常运营的基础，经济发展水平、政府财政状况、就业水平等宏观经济运行的不稳定性越高，其经济增速下滑的可能性也越大，将会进一步加大投资者受到该国经济冲击的可能性。衡量一国宏观经济、金融运行状况，分析其变化趋势，对降低海外投资损失尤为重要。

营商环境风险主要考察东道国基础设施、政府监管、市场环境等因素给跨境投资合作的中国企业造成损失的可能性及严重程度。营商环境是指伴随企业活动整个过程（从开办、营运到结束的各环节）的各种周围环境境况和条件的综合，是企业进行跨境投资及项目承建所面临的具体环境，与企业日常经营活动密切相关，也是一个国家或地区经济软实力的重要体现，营商环境的优劣将直接影响该国招商引资的数量和企业跨境投资活动的顺利开展。

除面临来自东道国政治、经济、营商环境方面的风险外，鉴于"一带一路"国际合作重大风险评估主要是测度中国企业跨境投资合作所面临的风险，东道国与中国的关系同样也会对跨境投资活动产生重要的影响，东道国对中国的政治互信、经贸畅通、文化包容等良好对华关系将为中国企业在东道国开展业务提供更加便利的合作环境，对于"一带一路"项目的落地和推进至关重要。

第二节　指标设计

"一带一路"部分国家历史问题复杂、民族宗教矛盾尖锐、恐怖袭击频发，或者正处于政治、经济新旧体制转轨期，面临政局不稳、经济结构单一、经济增长乏力、基础设施建设滞后、法律不健全、国际化程度不高、行政效率不高、官僚腐败严重等问题。因此，我们在选取"一带一路"国际合作风险评估具体指标时既充分借鉴现有国家风险评估体系中使用的指标，也充分考虑了"一带一路"国家所特有的发展特点及区域特征，筛选出能客观、全面、真实地反映"一带一路"国际合作中所面临风险的细项指标。通过对现有国家风险相关理论研究和实践评估进行梳理，对历史跨境投资案例进行分析，以及对"一带一路"国家国情和我国企业在"一带一路"国家的跨境投资进展进行调研，我们梳理了各个风险类型的内涵、影响因素、诱发机制、发生频率、表现特征、波及范围和影响程度，最终确定了各个维度下的二级和三级评估指标。

一 政治风险评估指标

在对政治风险的研究中，国内外相关机构和专家学者一般将其分为内部风险因素和外部风险因素。但在具体的评估要素上，不同研究机构略有不同，政治风险服务集团（PRS）发布的《国际国家风险指南》将政治风险分为政府稳定、内部冲突、外部冲突、社会经济状况、投资概况、腐败、军事政治、宗教紧张、法律和秩序、民族紧张局势、民主问责、官僚作风；环球透视（GI）将政治风险分为政治稳健性、代表性、内部认同、外部认同；大公国际发布的国家主权信用评级将政治风险分为政治适应性、政策连贯和稳定性、治理水平、社会动员能力、国家安全状况等；中债资信将政治风险分为政治制度化水平、国内外冲击强度、政治运行历史状况等；中国社会科学院世界经济与政治研究所将政治风险分为执政时间、政府稳定性、军事干预政治、腐败、民主问责、政府有效性、法制、外部冲突。

通过对上述机构关于政治风险构成指标的研究发现，内部风险因素一般都包括政府及政策稳定性、恐怖主义、民族分裂甚至战乱等，这些风险一旦发生将构成系统性风险，影响一国政治、经济、社会等各方面的稳定，对境外投资项目建设造成重大甚至颠覆性的危害。在跨境投资时，东道国政府的稳定性会成为项目投资考虑的首要因素，上述研究机构在测度一国政治风险时均考虑了政府政权稳定，同时关于恐怖主义、战乱等社会稳定性方面的测度也多有涉及，本评估将从政治稳定性和社会稳定性两个视角测度来自东道国国内的政治风险。在全球化发展背景下，国际环境的恶化将严重影响海外投资合作收益或项目建设的顺利进行，外部的政治影响也成为所有风险测评机构必然会考虑的要素之一，一般将其定义为外部冲突或者外部冲击强度等，因此本评估中的政治风险主要从政治稳定性、社会稳定性和外部稳定性三个方面进行考察，具体指标详见表3-2。

表 3 - 2　"政治风险" 指标体系

一级指标	二级指标	三级指标	指标解释
政治风险	政治稳定性	政权平稳度	通过考察一国政权交接制度完善情况、遭受军人干政的次数等反映一国政权的稳定程度
		政策连贯性	通过考察一国政府有效制定政策和执行政策的能力及政策的连贯性,反映政策的连贯程度
		政府包容度	通过考察两个方面,一是政府内部各部门、各机构之间工作的配合程度以及是否存在严重扯皮导致政府停摆的状况;二是中央政府对地方政府和相关势力的控制能力,反映政府内部团结情况
		民众支持度	通过考察一国民众对政府及其政策的认可程度,反映民众对政府的认同和国家的凝聚力
	社会稳定性	民族紧张度	通过考察一国民族的复杂程度、政府的民族政策、不同民族矛盾状况,反映一个国家民族问题的严重程度
		宗教紧张度	通过考察一国不同宗教团体之间的矛盾状况、政府的宗教政策情况、政府与宗教组织之间的关系等,反映该国宗教问题的严重程度
		恐怖主义威胁度	通过考察一国受国内外恐怖主义势力影响、发生恐怖主义事件数量及损害程度等,反映该国家受到恐怖主义威胁的程度
		暴力犯罪	通过考察一国内发生暴力犯罪的频率及危害程度,反映国家社会治安状况
		内部冲突	通过考察一国十年来因各种原因发生的内部战乱的次数,反映该国的社会动荡程度
	外部稳定性	对外关系	通过考察一国对外政策的开放程度,与周边国家以及对本国影响较大的国家是否保持友好合作关系,反映该国整体对外关系
		地缘政治风险	通过考察邻国间及该国与邻国的争端情况、邻国冲突战乱情况以及该国抵御外部战乱的能力,反映该国地缘环境的稳定程度
		外国势力干涉	考察一个国家受到外部大国力量影响的程度
		国际制裁	通过考察一个国家受到联合国等国际组织以及其他国家或组织制裁的次数,反映外部制裁对该国经济社会发展的影响程度

（一）政治稳定性

政治稳定性指一国政府保持自己政权以及有效制定和执行政策的能力。

不同研究机构有不同叫法，有些机构将其称为政治稳定性或政权稳定性，但一般都是考察政府自身构成的稳定，保持政权的能力，获得内部机构、地方和民众支持的情况等。一国政府政权的平稳交接是国际社会普遍关注的重点，政权交接平稳与否关系着一个国家的整体稳定；其次是与政权平稳移交相对应的政策连贯执行情况，包括有效制定相关政策的能力，以及一国政策是否会因政权的变更而对原先的政策进行较大程度的变动甚至废止相关政策或既定项目等；最后是政府内外对该政权的认同度，包括中央政府内部各机构之间的团结度和配合度、中央政府对国家整体的控制能力以及民众对政府的认可。因此我们认为政治风险可以从政权平稳度、政策连贯性、政府包容度和民众支持度四个方面来考察。

政权平稳度指一个国家的政府是否能够完全按照该国法律规定有序平稳换届而不受相关因素干扰的情况。政府政权交接的不稳定情况一旦发生，可能会加剧社会经济的脆弱性，导致整个国家的政局动荡甚至战乱。政权不平稳交接主要表现在三个方面：一是军人干政引发军事政变，二是政府不能按照法律规定的周期进行换届选举，三是一国最高领导人长期执政导致政体脆弱。"一带一路"沿线多发展中国家，有些国家的政治制度不够健全，选举制度不能被很好执行或者民选政府与军队的关系不清等，都易导致国家政权不能平稳正常交接。其中军人干政引发军事政变的危害性较大，军队对政治的参与实际上削弱了民主机制，一旦军人掌权可能导致政府不能有效运作，牺牲其他预算拨款而增加国防预算，也可能因与前任民选政府利益诉求不同而对国外投资项目重新审查等。"一带一路"国家中泰国、缅甸、埃及等国家长期面临军人干政问题，2005～2014 年，泰国因此换过 9 任总理，严重影响国家政局的稳定。巴基斯坦自 1947 年建国以来也有多位总统或总理因遭遇军事政变下台而未能完成 5 年任期，影响国家整体经济发展，导致外来投资计划推迟。尼泊尔在 2008～2018 年共有 10 任总理上台执政，政治不稳、政府更迭频繁，给经济社会发展造成了负面的影响。长期执政的领导人一旦下台而没有合法继承人也容易导致"多米诺骨牌"效应，其发生概率小但危害度较高。据不完全统计，近十年来，阿曼、叙利亚等 13 个国家领导人长期执政，这些国家中多是政教合一的国家，以中东国家为主。

政策连贯性是指一国政府有效制定政策的能力，法律、政策和相关规定制定后被有效执行的程度以及政策的连续性，主要表现在政府有能力制定相应的法律或重要政策，该政策上传下达通畅，能够被有效执行，不因政府更迭、领导人更替、党派纷争等原因而出现大的变动。如果政策不具有连贯性，朝令夕改，会导致国内各种政策执行的混乱，会向外国投资者发出错误信号，挫伤外商投资信心，外国投资者无法根据一国法律政策准确评估对该国投资合作的收益性，也会使已有投资和项目建设遭遇停工等风险。例如此前因领导人更替出现政策变动，要求中方重新提供资料进行审批而被叫停的斯里兰卡科伦坡港口项目，虽然后续经过磋商复工，但由于停工造成了每天高达 38 万美元的项目直接损失，也造成了斯本国部分工人的失业问题。马来西亚新总理马哈蒂尔在 2018 年 5 月上任后连续叫停了中企参与建设的东海岸铁路项目和 3 个油气管道项目，8 月访华结束后决定由 "暂停" 改为 "取消" 东海岸铁路计划和油气管道项目。

政府包容度考察政府内部各机构的团结和相互配合情况以及中央政府对整个国家的控制力等，特别是对地方的控制力大小。比如巴基斯坦联邦政府对地方省份的控制力有限，尤其是俾路支省分离主义势力在经济开发政策上与联邦政府长期存在矛盾，中国对俾路支省的开发和投资与俾路支省的政治诉求相冲突，引发俾路支分离主义势力对中巴经济走廊的不满和反对。国内外学者钱雪梅、玛鲁卡·汗（Mahrukh Khan）等在对巴基斯坦俾路支分离主义进行分析时认为，出现国家分离主义的原因有两个：一是某地方缺乏对国家的认同感，认为政府不代表国家整体；二是政治、经济方面的原因，中央政府与地方存在政治或经济方面的利益冲突。

民众支持度指一国公民对政府以及政府相应的政策措施的认可程度，相关研究机构将其归为内部认同或者国家的凝聚力，民选政府的国家尤其要关注民众的态度。民众对国家的认同对国家经济社会运行意义重大，当民众对政府的支持度较低时，对政府通过的相关投资合作项目也可能持消极抵制的态度，不利于项目在当地的落地或者可能会影响其建设进展。政府在审查项目时如果不考虑地方和民众诉求，会导致项目在实际运行中出现诸多阻碍。中国对外投资的多个项目均因地方势力和民众对政府相关决定不满而出现暂停、取消等，例如中国承建的缅甸莱比锡铜矿建设多次遭到当地居民和环保组织的反对，认为政府评估时没有考虑到当地民众的切身利益，政府通过的这一项目是对当地资源的攫取，还可能造成环境问题。

（二）社会稳定性

社会稳定性主要分析一个国家社会层面存在的内部冲突，在诸多的社会不稳定因素中，民族问题、宗教问题、恐怖主义、战乱或战争被认为是对一个国家冲击最严重的因素，对外商投资的影响较大。民族、宗教、恐怖主义等要素间关系密切，特别是民族和宗教问题，都容易引发"蝴蝶效应"，导致恐怖主义、社会动荡甚至战乱等多种矛盾冲突。"一带一路"国家处于东西方多个文明交汇地区，各个国家民族复杂，而且有不少政教合一的国家，存在基督教（天主教、东正教、新教）、伊斯兰教、佛教等的矛盾与冲突，即使是单一宗教国家，也会有不同教派之间的争端，这就导致"一带一路"国家宗教问题极为复杂，不同种族、民族、教派的矛盾与冲突，呈现多样性、复杂化、长期化的特点。

民族紧张度考察一个国家民族的复杂程度、不同民族间的矛盾情况和未来分裂冲突的可能性，同时也包括政府对不同民族所实施的政策，看其是否存在明显的歧视和压迫问题以及引起民族反抗抵制的可能性，旨在分析一个国家民族分裂程度大小是否对外国投资者产生重大不利影响。

宗教紧张度从两个方面考察一个国家宗教的复杂程度，一是国家的宗教团体是否寻求以宗教法取代民法，并将其他宗教排除在政治或社会进程之外，单一宗教团体是否企图控制统治或者独立于国家整体之外；二是宗教自由是否受到压制，政府是否采取较为明显的歧视和压迫政策而导致严重的宗教矛盾，由宗教问题引起的冲突和争端也会给外商投资项目带来损失。以我国邻国缅甸为例，根据美国中央情报局（CIA）网站数据，缅甸全国约有人口 5575 万，政府承认的民族共有 135 个，民族语言 100 多种。民族矛盾和民族冲突以及相应的宗教信仰问题长期困扰缅甸，在缅甸北部地区争取民族自治的少数民族与政府之间长期处于武装冲突的状态，大量流亡在外的罗兴亚人长期被排斥在国家政治生活之外，无法享受到基本的公民权利。另外，作为缅甸最大的穆斯林群体，罗兴亚人因为宗教信仰和民族问题，一直很难融入当地，他们希望建立伊斯兰教自治政府，独立于中央政府，但这也将会损害缅甸的国家主权完整。2017年8月25日，罗兴亚族武装分子在缅甸若开邦有组织地袭击多处警察局和军营，缅甸军方和安全部队此后开始采取清剿行动，此次针对罗兴亚人的暴力事件也被外界指责为缅甸正在进行"种族清洗"，8月25日至9月中旬，从缅甸前往邻国孟加拉国的罗兴亚人难民总数超过60万人，这种由族群、宗教矛盾造成的政治不稳定是长期困扰缅甸对外经济合作的主要问题。

恐怖主义是一种用极端方式实施的，以有组织、有政治意图、随意伤害无辜与危害社会安全为特征的暴力犯罪，它已逐渐成为对全世界威胁最大的非传统安全问题。尤其是近年来恐怖主义的蔓延，受到国际社会的普遍关注。恐怖主义威胁程度考察一国是否有其本国的恐怖主义势力以及影响大小，或者受到国外恐怖主义势力影响危害的程度。恐怖组织的存在给基础设施、商贸人员车辆、涉外投资企业造成极大的安全威胁，也直接影响企业的投资信心。中东地区是"一带一路"的枢纽地带，"伊斯兰国"等恐怖势力给东西方的交流带来极大危害，"伊斯兰国"在控制区实行严苛的伊斯兰教法统治，在中东地区大肆杀戮。2017年9月，"伊斯兰国"还有意利用缅甸罗兴亚人危机将恐怖主义蔓延至东南半岛，在东南亚地区招募人员、扩张势力，对东南亚地区以及我国周边的安全稳定产生威胁。2017年11月，"伊斯兰国"在叙利亚已经基本被消灭，但被打散之后的恐怖实体极有可能"化整为零"，逃离伊拉克和叙利亚的"伊斯兰国"成员，无论是回归本土还是流窜到其他国家，对国际安全仍将构成严重威胁，反恐已经进入"后'伊斯兰国'时代"。如2018年6月，并未被完全消灭的极端组织"伊斯兰国"声称制造了在阿富汗东部炸弹袭击。

暴力犯罪通过考察一国内发生抢劫、伤害等以暴力行为为特征的犯罪频率及危害程度，反映国家社会治安状况。暴力犯罪是严重危害公共安全、侵犯人身、破坏社会治安的行为。"一带一路"国家中，也门、阿富汗等国家犯罪率较高，社会治安较差。

内部冲突通过对"一带一路"国家因各种原因发生战乱、冲突甚至战争的次数来考察"一带一路"国家社会的动荡程度。内部冲突严重影响一个国家的社会稳定，极易造成重大的人员和财产损失。发生内部冲突的原因有很多，例如民族种族问题、宗教问题、军方与政府战争等。在"一带一路"国家中，近十年来出现过大规模冲突或战乱的国家超过 20 个，其中阿富汗、伊拉克、也门、叙利亚、巴勒斯坦、乌克兰、斯里兰卡等国家长期陷入战乱或冲突，而黎巴嫩和波黑宗教种族问题突出，战乱发生可能性较大。

（三）外部稳定性

外部稳定性指一国外部环境是否稳定，考察来自国外的行为对该国现任政府产生的不利影响。《国际国家风险指南》认为外部冲突会在很多方面对外国企业产生不利影响，如限制贸易和投资合作，导致国家经济资源分配的扭曲，甚至社会结构的剧烈变化，具体测评指标包括战争、跨境冲突、外国压力。中国社会科学院世界经济与政治研究所发布的《中国海外投资国家风险评级》指出，外部冲突涉及的国外行为一般包括非暴力的外部压力如外交压力、中止援助、贸易限制、领土纠纷、制裁等，也包括暴力的外部压力如跨境冲突，甚至全面战争。除以上外来因素对国家外部环境产生重要影响外，一国本身是否实施积极开放的对外政策，是否与相关国家保持良好的外交关系，也对该国外部环境有利与否产生影响。因此我们从一国是否实施积极的外交政策，是否受到外来因素的影响两个视角考察该国外部的稳定程度。

对外关系主要看一个国家是否实施积极的对外政策，是否主动与周边国家以及对其国家安全和经济发展有重要影响的国家保持友好关系，是否积极参与联合国等国际组织的活动等。如果实施较为封闭的对外政策、与其他国家关系交恶等都将对外国投资者的进入造成影响。例如南亚的不丹，在对外关系方面与印度关系密切，而与国际上其他国家建交较少，与中国、美国、俄罗斯、英国、法国五大联合国安理会常任理事国也没有建立外交关系，对我国投资者而言与未建立外交关系的国家进行项目投资合作也会存在诸多不便。

地缘政治风险是指由地缘关系导致的政治风险。一国地缘政治复杂、周边战乱频繁，可能会导致该国与邻国之间产生领土争端、邻国危机溢出至该国甚至地区冲突、局部战争等，这些都可能传导至本国国内，冲击本国社会稳定。南亚地区的印巴对峙，牵动整个南亚局势走向，也对海上丝绸之路产生不利影响，对南亚其他国家也会产生不良联动反应，影响我国对南亚国家的投资。中东地区地缘政治向来较为复杂，近年来变化不断，2017 年 6 月，沙特阿拉伯、阿联酋、巴林、埃及以卡塔尔支持恐怖主义并破坏地区安全局势为由，宣布与卡塔尔断交，并对卡塔尔实施旅行和贸易禁令，随后，又有多国宣布与卡塔尔断交。由于卡塔尔是全球最大的液化天然气和凝析油出口国，中东地区更是原油生产重地，此番断交风波引发投资者对国际油气市场的密切关注，也给中国与中东地区在石油、金融、航空等领域合作带来不确定性。

外国势力干涉是指一个国家受到其他大国力量影响的程度，特别是外国力量对该国政策制定的影响程度等。中国推进 "一带一路" 建设面临来自美国、日本、印度、俄罗斯等国家相似战略的竞争，当一个国家面对两个类似战略时可能会受到相关大国压力，而做出不同战略选择，从而会导致与中国进行 "一带一路" 合作的不确定性。例如一直在搞经济外交的日本，其在 "一带一路" 国家也经营多年，利用其对外直接投资经验优势以及非政府组织网络等优势在中南半岛、孟加拉湾搞互联互通，利用亚洲开发银行基建项目与中国竞争，对这些国家的影响不容小觑。又如中日之间在印度尼西亚的雅万高铁项目竞争激烈，政治战略因素使之不再是单纯的市场行为。自 "一带一路" 倡议提出以来，日本频频与中国在 "一带一路" 国家展开高铁项目竞争，当前安倍对外经济援助政策的重点区域和强化援助力度的区域与中国 "一带一路" 建设重点区域高度重合，中日之间竞争压力上升。

国际制裁是指一个国家是否受到联合国等国际组织的制裁，以及相应制裁对其国家经济社会产生不利影响的程度。国际制裁一般分为外交制裁、经济制裁和军事制裁三种，一般以外交制裁和经济制裁为主，例如联合国对伊朗、阿富汗、伊拉克、利比亚等国家的制裁。2003～2015年针对伊朗核危机，以美国为首的西方国家和联合国对伊朗进行了以能源和金融领域为主的经济制裁，不断强化的经济制裁对伊朗经济产生重大冲击。2014年因克里米亚危机，美国、欧盟等国家对俄罗斯施行了长达三年的经济制裁，俄罗斯的金融、国防、能源等部门受到了巨大的冲击，在制裁实施和全球油价暴跌的双重打击下，俄出口大幅下滑，卢布大幅贬值，通胀水平飙升，资本外流严重，对外商投资的吸引力大幅下降。

二 经济风险评估指标

经济风险主要是指由一国宏观经济运行环境、货币金融层面等因素的变化导致国外投资者投资资产面临损失的可能性。在引发国家风险的因素中，经济风险的影响具有持续性、长期性。按照目前国内外学者的研究以及世界主要评估机构的实践，广义的经济风险包含的范围比较宽泛。经济学人智库（EIU）国家风险模型中涉及较多的经济要素，包括经济政策、宏观经济、经济结构、融资和流动性四个方面；中国社会科学院世界经济与政治研究所构建的中国海外投资国家风险评级（CROIC-IWEP）体系从经济基础和偿债能力衡量一国的总体偿债实力；中国出口信用保险公司的国家风险参考评级体系中，经济风险包含经济增长风险、通货膨胀风险、就业风险、财政收支风险、国际收支风险、债务偿付风险、汇率风险。而国际主权信用评级机构主要从经济角度衡量一国的偿债能力，经济风险一般包括宏观经济、政府财政和外债融资等维度。

通过上述的梳理和研究，"一带一路"国家经济风险可以从两个维度进行测量：一是经济基础，一国宏观经济是决定外商投资是否顺利开展的基础因素，东道国的宏观经济运行良好有利于确保跨境投资企业投资安全和投资收益；二是金融风险，由于大多数"一带一路"国家经济实力较弱、金融体系不完善，无法抵御世界经济与国际金融市场震荡的影响，而"一带一路"基础设施建设所需资金往往规模巨大、投资回报周期长，若东道国发生外债无法偿付等金融风险将严重影响中资企业的投资利润回收。具体指标详见表 3 - 3。

表 3 - 3 "经济风险" 指标体系

一级指标	二级指标	三级指标	指标解释
经济风险	经济基础	经济发展水平	通过考察该国 GDP 总量、GDP 增长波动、人均 GDP 三个方面,反映该国的总体经济发展情况
		产业结构优化度	通过考察该国产业结构的合理化程度,反映该国经济的可持续发展能力
		政府财政状况	通过考察该国政府的收支状况,反映政府资源供求变化情况
		通货膨胀	通过考察居民消费价格水平的变化情况,反映一段时间内物价变化水平
		就业水平	通过考察失业人口占劳动人口的比例,反映该国在一定时期内劳动力资源的实际利用情况,失业人口越多则社会和经济体系越不稳定
		市场国际化	通过考察该国是否加入 WTO 反映该国经济融入国际市场的水平
	金融风险	国际收支	通过考察国际收入和支出是否平衡,反映该国对外经济政策的走向
		外债偿还能力	外债偿还能力在对外债/GDP、短期外债/总外债等负债水平进行测度后,通过考察外汇储备/外债等衡量一国的总体偿债实力
		汇率风险	通过考察该国汇率的波动情况,反映跨境投资因汇率波动而遭受损失的可能性
		汇兑限制	考察东道国政府是否对跨境投资企业的收益汇出和货币兑换进行限制,反映该国外汇限制的程度
		金融监管水平	通过考察该国金融系统是否完善、金融监管是否到位,反映该国对外商在投融资方面的保障水平
		外部传染	反映一国抵抗国际金融市场波动干扰的能力

（一）经济基础

宏观经济是指整个国民经济或国民经济总体及其经济活动和运行状态。"一带一路"国家大多数是发展中国家,经济发展水平差异明显,有的国家经济结构单一且增长速度缓慢,通货膨胀严重、失业率高,抵御外部经济风险冲击的能力非常弱，为收回投资的成本和收益增加了不稳定因素。

经济发展水平通过对国内生产总值（GDP）、国内生产总值增长率波动、人均国内生产总值三个指标的综合测算，反映该国总体经济状况及其经济实力和经济地位。GDP是指一个国家或者地区所有常驻单位在一定时期内生产的所有最终产品和劳务的市场价值，是衡量国民经济发展情况最重要的指标。国内生产总值年度增长率是衡量一国经济增长的重要指标，一般意义上讲，经济增长率高且稳定表明一国经济活力较强，市场发展前景广阔，也能反映出该国对外投资的潜力和实力，在经济增长率越高的时期往往也是外商直接投资最活跃的时期；但如经济增长率忽上忽下，发展极不稳定，可能会降低海外投资者的信心。除资源大国以外的绝大多数工业化国家，人均GDP能够比较客观地反映国家经济发展水平和发展程度，是构成一国居民人均收入和生活水平的主要物质基础，另据萨缪尔·亨廷顿（Huntington Samuel P.）分析，在一定阶段，人均国内生产总值增长与社会安定、社会和谐成正比，人均GDP偏低可能导致社会动荡，恶化外商投资环境。

产业结构优化度通过考察一国产业结构合理化以及高度化的程度，反映该国经济可持续发展的能力。在经济发展过程中，协调的产业结构可以使资源得到长期的有效配置，减弱不同部门间的相互影响和制约，对经济增长有明显的推动作用。如果一国产业结构过于单一，其支柱产业受挫，会直接影响地区经济发展。例如哈萨克斯坦、蒙古国这些资源丰富的国家虽以石油、天然气、煤炭等资源的开采制造为支柱性行业，实现快速发展，但当全球经济增长放缓，矿产需求疲软时，这些地区的经济增长有可能会出现明显放缓甚至大幅下滑；波兰、捷克等东欧国家以工业和装备制造业为支柱行业，工业尚处在发展的初级阶段，作为产业链中下游的工业化国家，经济运行情况极易受全球贸易波动的影响。

政府财政状况通过考察一国政府的收支状况，反映政府资源供求变化情况。财政政策是重要的宏观经济政策之一，而财政赤字则是衡量财政政策状况的重要指标，财政赤字的大小对于判断财政政策的方向和力度至关重要。当一个国家财政赤字累积过高时，可能造成政府债务规模迅速增加、主权信用恶化，政府可能采取削减开支和增加税负的财政紧缩政策，这有可能导致经济增长乏力或经济结构性失衡，意味着潜在经济风险上升。

通货膨胀通过考察居民消费价格水平的变化情况，反映一段时间内物价变化水平。在一段时间内，假定经济体中的物价水平普遍持续增长，将会造成货币购买力的持续下降，过高或恶性的通货膨胀将会破坏市场经济有效运行的价格调节机制，造成财富重新分配和资源配置扭曲，导致经济增长停滞和社会动荡，外国投资者面临的经济风险也将显著上升。以俄罗斯为例，2012~2013 年国际油价相对平稳，在此期间俄罗斯经济运行平稳，通胀率维持在 5%~6%，而在随后的几年内，随着原油价格大幅下调，俄罗斯的通货膨胀率一路飙升至 2015 年的 15.53%，经济体量也趋于萎缩。

就业水平通过考察失业人口占劳动人口的比例，反映该国在一定时期内劳动力资源的实际利用情况。研究表明，失业率的高低反映了充分就业的状况，与一国经济稳定性是紧密相关的，失业人口越多则社会和经济体系越不稳定。有数据显示，2014 年 "一带一路" 国家的平均失业率为 8.73%，远高出世界平均失业水平 2.8 个百分点，中东欧地区的失业率更是达到 12.66%。马其顿、波黑、巴勒斯坦、塞尔维亚等国，这些国家的失业率都超过 20%。这说明 "一带一路" 国家大多面临较为严峻的就业压力。

市场国际化通过考察该国是否加入 WTO 反映该国经济融入国际市场的水平。"一带一路" 多数国家还未建立有效的现代企业制度，整体市场化水平较低，企业对国际贸易规则认同度较低。截至 2015 年 11 月 30 日，世界贸易组织已经有 164 个成员，但 "一带一路" 沿线有数十个国家仍然不是世界贸易组织成员。

（二）金融风险

金融风险是指金融市场风险、金融机构风险等相关风险。一旦发生系统风险，金融体系运转失灵，必然会导致全社会经济秩序的混乱，甚至引发严重的政治危机。"一带一路" 大部分国家内部产业发展不均衡，存在产业结构性矛盾，而且长期以来对外部资金的依赖程度比较高。在当前世界贸易保护主义不断抬头、世界经济低迷的环境下，部分 "一带一路" 国家由于存在巨额经常项目赤字和较为薄弱的经济基础，其本身抵御资本外流的能力较弱，可能会面临较大的债务违约风险。金融风险的发生往往会超越对金融市场或者金融机构的影响，一旦发生系统性的金融风险，国家的金融系统失灵，甚至会导致严重的经济或政治危机，而此类危机的发生势必对外国投资者产生致命性影响。

国际收支是指一定时期内一个国家或地区与世界其他经济体之间发生的各项经济活动的货币价值之和，国际货币基金组织将其定义为一种统计报表，系统记载在一定时期内经济主体与世界其他地方的交易，一般是在居民与非居民之间进行。国际收支反映了一国对外经济活动的规模及该国在世界经济中的地位与作用，是一国制定对外政策的重要依据。国际收支总体失衡，不论是周期性还是结构性，不论是总体逆差还是总体顺差，都有可能影响外汇储备，对汇率产生直接的影响，引起国内货币供应量的变化，进而对国内经济稳定性产生影响。

外债偿还能力在对外债/GDP、短期外债/总外债等负债水平进行测度后，通过考察外汇储备/外债等指标衡量一国的总体偿债实力。"一带一路"许多国家的债务膨胀高于GDP增长，自身经济运行状况一般，在对外经济陷入萧条引起国际收支逆差时，为了弥补逆差，往往需要借入短期外债。而短期债务则有可能形成近期的偿债高峰，在本国外汇收入没有大幅度提高、外汇储备又比较少的情况下就有可能造成债务危机。由于"一带一路"国家自身多缺乏充足资金用于相关投资，"一带一路"合作的主要融资来源于亚投行、丝路基金、金砖国家开发银行、上海合作组织开发银行、国家开发银行的投资，国际性的汇率波动及部分国家的债务增长将会给中国对外投资合作带来金融风险。一旦国家违约，无法偿付中国贷款的本金和利息，不仅增加了中国金融机构的经营风险，也可能对中国的经济发展造成巨大挑战。

汇率风险是指企业在海外支付和获取交易款时，合同约定日与实际支付日之间的汇率变动如汇率贬值、汇率制度变更、本币贬值等直接导致中国企业的成本和收益发生变动，使企业面临经济损失的风险。"一带一路"大部分国家的货币币种偏小，货币价值不稳定，货币流通性差，缺乏进行风险对冲的工具。中国对外投资交易时用当地货币，导致与人民币进行汇兑过程中流动性差且存在很大风险。特别是东南亚一些国家汇率波动较为明显，比如缅甸实行有管理的浮动汇率制度之后，缅元对美元的汇率由 2012 年实施之初的 1 美元兑换 815 缅元发展到了到 2016～2017 财年末（2017 年 3 月 31 日）的 1326 缅元，4 年内的参考汇率差异达 511 缅元，缅甸货币贬值超过 60%。

汇兑限制考察东道国政府是否对跨境投资企业的收益汇出和货币兑换进行限制，反映该国外汇限制的程度。如东道国的汇兑制度中存在对外汇账户的限制政策，将直接决定跨境投资者不能持有外汇，企业将面临汇兑风险，一般而言经济较为发达的国家汇兑限制较少，而大多发展中国家为非储备货币的国家，需要通过出口、吸引外资和国际借贷等渠道来获取外汇满足本国的需求，如国家在国际支付、外债偿付、本币贬值等压力下可能会采取限制跨境企业的利润换成外汇汇出，汇兑风险水平相对较高。如马来西亚对外资的利润汇回不设限制，但外籍居民、法人的汇出款超过一定数额者须经批准；伊朗法律规定外国投资者不能在当地银行开设外汇账户，收益只能通过中转行代理转成外币汇出。

金融监管水平指衡量市场金融系统是否发达和完善以及金融监管是否到位。除新加坡、印度等少数国家，"一带一路" 多数国家的金融监管水平偏低，与我国的金融监管合作很少，数据显示，截至 2018 年 4 月与中国签署双边监管备忘录的国家不足一半，特别是与西亚、南亚等国家签署较少，金融监管的缺失容易妨碍市场的公平竞争，增加企业从事正常经济活动的交易成本，削弱外商投资企业抵御风险的能力。

外部传染指因为 "一带一路" 国家抵御国际金融市场波动干扰的能力弱，容易受到来自外部市场波动的不良影响。比如美联储对量化宽松的退出和欧洲、日本央行对量化宽松的扩大就使国际货币市场动荡不定、难以预测，而这种金融市场环境必将会给东道国货币政策的稳定性带来严重挑战。以 20 世纪 90 年代的亚洲金融风暴为例，泰铢贬值导致新马泰日韩等国家经济发展震荡甚至衰退。再如 2013 年 5 月美联储释放量宽信号，引发了印度尼西亚、泰国、马来西亚等东南亚国家汇率的震动。

三 营商环境风险评估指标

营商环境指标主要考察东道国对跨国投资者是否具备友好的投资环境。投资环境是指围绕投资主体存在和变化发展的，并足以影响或制约投资活动及其结果的一切外部条件的总称。所以，营商环境的考察需包括所有对投资活动全程产生影响的因素。经济合作与发展组织（OECD）将市场因素、人力资源因素、社会基础设施、开放程度、政策因素、对投资的保护与促进等列为投资环境的影响因素；世界银行（World Bank）每年发布《全球营商环境报告》（*Doing Business*）评估企业在东道国营商难易程度，从监管程序的复杂性和成本以及关于商业监管所涉法律制度的力度进行综合考虑，包括开办企业、办理施工许可证、获得电力、登记财产、获得信贷、保护中小投资者、纳税、跨境贸易、执行合同和办理破产等指标。从国内外主要风险评估机构涉及的营商环境指标来看，主要包括法律、税务、运营、市场、基础设施、政府治理与干预等方面（见表 3-4）。

表 3-4 国内外机构涉及营商环境指标情况

机构	涉及营商环境的指标	细项指标
环球透视	法律风险	完善程度
		透明度
		独立性
		从业人员经验
	税务风险	清晰度
		公平性
		税务负担
		有效性
	运营风险	对外国投资的态度
		基础设施质量
		劳动力质量
		官僚主义和腐败

续表

机构	涉及营商环境的指标	细项指标
《欧洲货币》	结构评价	人口统计
		硬件基础设施
		劳工市场/劳资关系
		软件基础设施
中国社会科学院世界经济与政治研究所	社会弹性	内部冲突
		环境政策
		资本和人员流动的限制
		劳动力市场管制
		商业管制
		教育水平
		社会安全
		其他投资风险
中国出口信用保险公司	商业环境风险	税收变更风险
		基础设施风险
		产权保护风险
	法律风险	法律变更风险
		法律维护风险
		司法腐败风险
中债资信评估有限责任公司	营商环境风险	法制环境
		政府治理水平
		税收征管
		基础设施建设
		劳工关系
		自然灾害与疾病（调整项）
	汇兑风险	汇兑制度环境
		汇兑实力
惠誉	结构特点—治理质量	政府效能
		法治
		贪污的管制
		话语权和问责制
		商业环境
联合资信	结构特征	人类发展指数
		营商环境指数
	国家治理—政府治理能力	政府效率
		腐败控制
		监管质量

综上归纳，国内外对营商环境的测评主要覆盖基础设施条件、政府干预情况以及市场成熟状态等方面。"一带一路"国家大多为发展中国家，交通、电力等基础设施落后，政府对社会的治理及市场的监管水平不高，市场经济制度和私营部门的发展还不健全，投资便利化水平也参差不齐。另外，"一带一路"部分国家自然环境较为恶劣，自然灾害频发且抗灾能力较弱，疾病的防控能力也不高，且我国企业在其建设的项目也以大型基础设施项目为主，自然灾害与疾病极容易造成毁灭性打击。因此，在营商环境指标方面，我们选取政府治理、基础设施建设、市场环境三个方面，以自然灾害与疾病作为调整项，如某国面临重大自然灾害与疾病的威胁，将以此对该国的营商环境得分进行调整。具体指标体系见表 3-5。

表 3-5 "营商环境风险"指标体系

一级指标	二级指标	三级指标	指标解释
营商环境风险	政府治理	立法完善程度	考察该国在跨境投资方面的立法情况以及法律变更频率，反映该国立法的完善情况
		法律执行效率	考察该国司法独立的实际情况以及法律执行的实践效果，反映法律执行效率
		税收征收管理	考察该国对税收工作实施管理、征收、检查等活动是否有合理且稳定的征收体系及政策规定，反映税收征管体系对外资的友好程度
		政府行政效率	考察东道国政府开办企业、登记财产、办理施工许可等事项的办理时间，反映该国政府的行政管理能力
		政府廉洁度	考察东道国政府在行政管理过程中是否存在腐败现象以及腐败程度，反映政府行政的廉洁程度
	基础设施建设	交通	通过考察一国铁路/公路、港口、航空运输等基础交通运输设施情况，反映该国的交通基础设施质量
		电力	通过考察一国为跨境投资企业提供电力的程序及成本等情况，反映该国电力供应的便利化程度
		通信	通过考察该国移动电话、固定电话等普及情况，反映该国通信基础设施质量
	市场环境	市场准入程度	反映该国市场对外资的准入程度
		市场公平程度	反映该国市场竞争公平程度
		劳动力市场监管	考察该国对劳动力参与劳动的过程是否有明确的法律规定，衡量该国对劳动力市场的监管力度
	调整项	自然灾害与疾病	反映该国发生严重自然灾害和疾病的频率、危害程度及该国的应对控制能力

（一）政府治理

政府治理指标考察东道国规范、管理、限制和约束境外投资发生、运营到结束行为的立法和法律执行情况以及政府服务水平。包括三个层面：一是法律的制定与变更，考察东道国是否拥有对跨境投资的必要事项有完善的法律规定，是否有稳定的变更频率等问题，这是考察一个国家法治意识的前提与基础；二是法律执行的效果，在成熟的法律和制度下，法律执行效率高，将为跨境投资者提供良好的制度保障；三是政府服务水平，考察东道国政府为企业运营提供良好服务的能力。

立法完善程度主要考察东道国对外资投资活动的相关行为是否存在立法与相关政策，是否完全覆盖跨境投资的全流程事项，已有的立法是否遵循规律变更等情况。根据美国《华尔街日报》和美国传统基金会发布的《经济自由度指数报告》，评判一个国家资本流动和外国投资是否自由需从外资企业法规、对外资企业的限制、向外国投资者开放的行业及公司的限制、对外资公司的限制及业绩要求、外商的土地所有权、外资公司与国内公司在法律上是否得到平等对待等方面，跨境投资的企业可能会面临对外国投资者的准入规定、股权变更、公司清算、货运保险、知识产权保护、环境保护等方面，完善的法律体系能够有效避免执法机关随意执法、选择性执法和执法不公，以及滥用自由裁量权等行为；而不稳定的法律环境会给投资行为的法律效果带来很大的不确定性，降低和破坏投资者的战略决策预期。

法律执行效率考察东道国的法律执行效果情况，这包括司法是否独立、法律执行是否有效率、执行过程及结果是否合理和公正。完善的立法虽然保证了跨境投资行为是有法可依的，但法律条文如果不能在实践中得到有效的实施，投资者对法律的可预期性就降低。而且，投资者在发生纠纷而寻求司法解决时，若东道国司法机构容易受第三方影响而有失公平公正，将增加诉讼失败的概率。"一带一路"大多数国家有关投资、贸易的法律制度相对不完善，且法律体系建设相对落后，制度存在空白；除少数国家外，大多数国家的司法独立性、廉洁程度、程序保障等司法执行要素难以保障外来投资者的合法权益，且法官的自由裁量权较大、政府干预司法的现象也较为常见，法律执行效率较低。

税收征收管理主要是从东道国的税收负担、征管效率以及隐形行政成本等方面考察东道国的税收征管体系的完善程度。"一带一路"各国税收征管体制、征管规定差别较大，跨境企业由此所面临的税收风险也不同，一般包括国际双重征税、转移定价被调查、资本弱化、税务争议等。税收征收管理包括两个方面。一是税收征收水平是否合理及征收体系是否稳定，包括税收种类、税率等，如东道国政府的税收种类繁多，税率较高，税收政策调整频繁且随意，可能会降低跨境投资者对项目利润回收预期，打击投资的积极性，例如印度税收的种类除了通行税种外，还有注册税、广告税、职业税等独有的税种，相反，阿联酋既没有企业所得税，也没有个人所得税和增值税。二是税收征收管理体系是否复杂，包括纳税所需时间以及当地各层级政府的征收体制情况，如纳税人纳税时间较长，或当地中央政府、地方政府间征税层级繁多等情况均会增加企业的隐性成本，根据世界银行数据，2015 年越南的企业纳税时间长达770 个小时，除税种繁多外，税务系统的行政效率也太低；再如巴基斯坦，联邦政府、省政府和地区政府分别征收不同的税种，企业有沉重的税收负担。

政府行政效率侧重考察企业在开办企业、登记财产、办理施工许可等事项的办理时间，反映该国政府的行政管理能力。世界银行发布的"全球治理指数"中涉及"政府效率"指标，注重考察公民对政府提供的公共服务的质量、独立于政治压力的程度以及政策制定及执行的质量、政府对政策承诺的可信度等方面。对于跨境投资的企业来说，政府提供公共服务的质量尤其重要，如政府行政效率低、部门林立、办事程序复杂，将削弱跨境投资企业的投资热情，致使面临不确定的风险。零售巨头沃尔玛曾打算与印度巴哈帝企业合资，但由于印度对海外投资管理过于严格和复杂，且行政效率极为低下，土地征用、环境许可等审批程序复杂，最终放弃在印度的零售合资业务。

政府廉洁度侧重考察东道国政府在行政管理过程中是否存在腐败现象以及腐败程度。世界银行发布全球治理指数中"腐败控制"指标观察政府为了私利而行使公共权力的程度，包括大小形式的腐败以及精英阶层和私人利益对国家的"占取"；世界经济论坛发布的《全球竞争力报告》中涉及"不正当费用和贿赂"指标，最新数据显示，在全球137个经济体中巴基斯坦排第102位，腐败程度较高。腐败导致政府行为存在潜规则以及暗箱操作等情况，降低政府行为的透明性以及可预测性，给企业运营及项目建设带来隐形成本及风险。世界银行的数据显示，柬埔寨、吉尔吉斯斯坦等国家在与税务官员见面时预期赠送礼物的企业比例均超过50%，贿赂成风，腐败现象严重。

（二）基础设施建设

基础设施建设侧重考察东道国的交通、电力、通信等基础设施是否完善，是否便利企业运营。世界银行发布的《营商环境报告》中，用"获得电力"指标衡量企业为新建仓库获得永久电力连接所需的程序、时间和成本，反映东道国营商环境的重要条件之一；世界经济论坛发布的《全球竞争力报告》中，"基建"是衡量一个国家竞争力的基本要素之一，包括整体基础设施、公路、铁路、港口、航空运输等基础设施的质量，移动电话、固定电话等通信基础设施的质量，电力供应的质量等方面。综上所述，在基础设施方面，除了考察东道国在交通、电力、通信等基础设施是否完善之外，还需考察各方面的基础设施质量是否有利于企业运营，涉及申请时间、成本等。"一带一路"沿线多为发展中国家，发展中国家的发展瓶颈之一在于基础设施落后，交通、电力、通信等均处于全球较低水平，各国间存在诸多妨碍物流、投资、服务以及人员流通等方面的限制，不利于"一带一路"国家间跨境合作项目建设。目前，我国中资企业对"一带一路"沿线国家的投资集中在能源资源和基础设施建设领域，对东道国的交通、电力基础设施有一定要求。东道国交通基础设施建设不足，将增加企业在获取生产资料、运输产品等环节的成本，而电力基础设施薄弱造成的供电不稳定也对企业的正常生产造成不利影响。以中国铝企业投资印尼铝企为例，印尼由13000多个岛屿组成，除了几个大岛外，大部分岛屿依然是未开发状态，基础设施建设如道路交通、供水、电力、通信、港口等都很落后，部分岛屿还处于原始状态，基础设施更无从谈起，企业需要解决基础设施落后、生产配套设施较差等问题。

（三）市场环境

市场环境侧重考察东道国允许跨境企业参与国内市场的程度以及跨境企业是否可以获得与本国企业相同的待遇，反映东道国市场环境对跨境企业的友好程度。一方面，东道国可以以国家意志的形式干预市场，是国家管理经济职能的体现，其手段包括通过法律法规、出台政策、行使行政命令等，限制来自境外的货物、资本和劳务进入本国市场，例如美国声称为缩小中国与美国间的贸易逆差，强行对中国商品征收关税，严重打击两国间的贸易往来；又如吉尔吉斯斯坦等国家对某些基础设施建设的市场准入仍然没有放开，由国家亲自管理，跨境企业更找不到合作的空间。另一方面，东道国市场可能发展不成熟，无法提供公平竞争的环境，导致行业垄断，影响市场的自我调节与恢复；东道国政府为保护本国部分行业的发展，可能对外资投资进行限制，或者加大对本国行业的政府补贴，也会加重市场的不公平程度。

劳动力市场监管考察东道国就业与劳动法规的灵活性，涉及雇用、工作市场、薪资水平、休假与解聘、技能培训、劳务双方的权利与义务等方面。在劳动力市场的评估方面，世界经济论坛发布《全球竞争力报告》中涉及对各国劳动力市场效率的评估、《华尔街日报》与美国传统基金会发布的"经济自由度指数"中涉及对各国劳动自由的评估等，劳动力市场也成为各国竞争力或经济自由的重要指标。劳动力市场监管主要包括两层含义：一是东道国是否拥有灵活的就业与劳动法规，是否有效保护劳工权益；二是是否拥有健全的工会组织体系以及工会力量对企业运营的影响程度，但需要注意的是，工会权力过大可能导致劳工关系紧张，2014年世界经济论坛的《全球竞争力报告》显示，南非的劳工关系是144个国家中最为敌对的，2013年南非遭遇144次罢工，对企业带来5.97亿美元的薪资损失。2013年福特汽车公司受工人罢工的影响，损失达 20 亿美元。

（四）调整项——自然灾害与疾病

自然灾害与疾病多是不可预测的，一旦发生会不可避免地对跨境投资造成损失，因此将其作为"营商环境"二级指标得分的调整项。境外投资者在对东道国进行投资前，需要清楚东道国是否属于自然灾害与大规模流行性疾病高发区域。对于自然灾害，主要考察东道国是否处于自然灾害多发地段以及东道国对自然灾害的应对及恢复能力，自然灾害包括海洋、河流、地质、农作物、森林等方面的灾害风险；对于疾病，主要考察东道国治疗及控制重大传染疾病的医疗条件及一旦发生传染性疾病而切断传染源的能力。

四 对华关系风险评估指标

除政治风险、经济风险、营商环境风险外，我们在测评中资企业在"一带一路"国家可能面临的国家风险指标体系中特别增加了对华关系指标，从我国与"一带一路"国家在政治互信、经贸畅通、文化包容三个维度进行考察。在社会学研究中，马克·格兰诺维特（Mark Granovetter）曾将社会关系分为强关系与弱关系，强关系意味着双边互动的强度、密度和互惠程度更高，运用到国际社会范围内国家间的关系范畴中，两国间在政治、经济、文化等各领域保持强关系的情况下，其跨境直接投资风险也将大幅降低。已有文献研究发现，投资国与目标国在政治、经济、文化等方面形成制度化或非制度化的良好关系有利于降低项目建设的波动性，避免增加投资交易成本。在现有的国家风险评估体系中，对华关系也被多家机构选取作为衡量国家风险、国家投资潜力的重要指标。另外，据"一带一路"项目统计，基础设施、能源资源类项目金额占投资总额的 60% 以上，这些项目具有投资周期长、利润回收难等问题，在实践中需要良好的双边关系为中资企业境外投资提供稳定、有效的保障环境，降低因政治冲突、经贸摩擦、文化对抗等风险造成项目损失或建设成本增加的可能性。具体指标详见表 3-6。

表 3-6 "对华关系风险"指标体系

一级指标	二级指标	三级指标	指标解释
对华关系风险	政治互信度	政治合作度	通过考察高层互访次数以及伙伴关系类别,反映两国政治合作关系水平
		政治性争端	通过考察特定时间段内我国与"一带一路"国家发生双边政治冲突的次数,反映我国与该国间政治关系是否具有稳定性
	经贸畅通度	双边贸易	通过考察一国与我国的双边贸易额,反映该国与我国的贸易规模
		双边投资	通过考察一国与我国相互投资额,反映该国与我国的双向投资情况
		投资制度保障	通过考察一国与我国签订的双边投资协定、监管合作协议、税收协定等,反映我国在该国投资活动的制度保障情况
	文化包容度	友好城市	通过考察我国与一国地方建立的友好城市关系存量,反映我国与该国民间交流程度
		民众积极情绪	通过考察一国民众对我国整体的情感倾向以及反华系列事件次数及损失程度,反映当地对我国的民意基础以及双边民心相通水平
		文化交流	通过考察双边旅游、留学、文化交流活动、孔子学院和课堂的设立、华人华侨等,反映双边文化交流水平

（一）政治互信度

政治互信度主要从我国与"一带一路"国家的政治合作水平以及是否曾与我国发生政治冲突等方面进行考察,良好的政治关系能够降低中资企业的投资不确定性,而缺乏政治互信则可能导致中资企业在外资准入、征收、汇兑等方面面临风险。双边政治关系对国际投资有重要的影响,1984 年,Keohane 就提出国家之间良好的制度安排会降低企业投资的交易成本。相关实证研究也表明,双边良好的政治关系与投资规模存在正相关,而紧张的政治关系与投资规模存在负相关。以印度为例,受历史和地缘政治因素的影响,中印两国在某种程度上缺乏政治互信,印度对与中国的合作抱有一定程度的戒备心态,增加了中国投资者在印投资所面临的不确定风险。如 2009 年印度政府禁止在其阿萨姆等 16 个邦尤其是边境地区使用中国企业制造的电信设备；2010 年禁止中国电信设备制造商参与项目竞标。

政治合作度指标包括两国高层政治领导人的国事访问、会晤等交流的频繁程度以及双边伙伴关系的类别。研究表明，双边高层领导政治互动为两国经贸关系的发展创造了良好的外部环境。另外，双边高层领导之间积极的政治互动也起到调整、修正跨国投资企业与当地消费者的认知意识形态，避免因东道国与投资国发生政治冲突而导致成本转嫁给企业，保障正常的投资建设活动。伙伴关系是国际关系行为体之间的关系模式，是国家间基于共同利益、通过共同行动、为实现共同目标而建立的一种独立自主的国际合作关系。不同的伙伴关系代表两国在目标设定、合作广度与深度、发展预期等方面存在区别，反映了国家间博弈的边界以及国家间合作平台的广泛程度，对于跨国投资也有不同程度的影响。

政治性争端测量在特定时间段内两国是否发生过领土争端等冲突，反映双边政治关系是否具有稳定性。两国间政治性争端一旦发生将导致两国的政治关系紧张，严重恶化跨国投资企业在当地的生存环境，甚至可能造成毁灭性打击。我国与周边国家诸如越南、日本、印度等国家均存在不同程度的领土争端，已发生或具有潜在可能发生的冲突是中资企业海外投资的重大风险。例如，2014 年 5 月，中国在南海设置钻井平台进行油气勘探活动，引起越南的抗议，越南不断向外发声谴责中国，5 月中旬越南国内发生大规模骚乱，造成中国公民死伤，不少具有中国背景的企业遭受打砸抢烧等不同程度的暴力洗劫，造成严重的人员和经济损失。

（二）经贸畅通度

经贸畅通度主要考察 "一带一路" 国家对我国的经济开放程度、投资的制度保障以及贸易投资等经济活动的顺利开展程度等，包括双边贸易、双边投资、投资制度保障 3 个三级指标。两国政府间形成良好的经济关系将为中资跨国投资提供相对保护性的投资环境，反之投资活动将遭到不同类型的壁垒阻碍。在对外直接投资受阻相关研究中，我国企业进入国际市场相关壁垒包括产品差别壁垒、绝对成本优势壁垒、社会文化壁垒、政策性进入壁垒等。另外，"一带一路" 国家在对外开放、投资保护等方面缺乏完善的制度环境，中资企业可能面临本国政府为保护当地产业而设置的严格限制，例如外资所持比例、当地劳工雇用比例等，稍有不慎可能导致项目投资失败。

双边贸易和双边投资分别从贸易、投资两个方面测度"一带一路"国家与我国双边贸易往来及投资情况。近年来，出于保护本国资本的目的，不少"一带一路"国家对外资限制条件增多，我国企业在全球资源配置能力得到极大增强的同时，也面临频频受阻的巨大风险，如印度以"危害国家安全"为由拒绝了中国电信设备制造商中兴和华为对印度的扩大投资专案以及中资企业在孟买和喀拉拉邦港口的竞标；2014 年 2 月，"德里—孟买工业走廊"及新德里地铁等 3000 亿美元的中国投资也遭到阻碍，印度商务部甚至专门设立"安全审查"程序。

投资制度保障是通过测量我国与"一带一路"各国达成的双边投资协定的有效期限反映中资企业在"一带一路"国家所获得的保护水平。双边投资协定（Bilateral Investment Treaties，BIT）是由两国政府签订的，旨在鼓励、促进和保护两国间投资的法律协定。通过对签约国之间投资的准入条件、投资待遇、征收情况和争议解决办法等权利和责任的明确规定，从法律层面上提供了对投资者的鼓励和保护，代表了东道国对签约国投资提供的特殊性制度保障。作为东道国政府对签约国投资的承诺，从企业进入后的待遇、资产收益汇出、免于被征收和国有化以及损失赔偿等方面提供了投资每一环节的保护，能够有效保护投入东道国的各种资产和收益，从而大大降低企业投资的风险和成本。

（三）文化包容度

文化包容度主要从我国与"一带一路"国家各级政府建立的友好城市关系、当地民众对我国的情感倾向以及与我国文化相近程度三方面进行考察。我国与"一带一路"国家间在文化交流、民情基础等文化软环境方面的关系状况对我国企业投资活动产生重要影响，民众压力很可能逼迫本国政府暂停或取消中资项目建设。Jordan 以经合组织数据库中 55 个国家 1985 ~ 2004 年的时间序列数据为样本，实证分析了外商直接投资受跨文化差异风险的影响程度，认为跨文化差异风险对海外直接投资有着直接必然的影响。Bhardwaj 研究发现，东道国文化对外资的信任关联度和接纳程度影响外商投资的区位选择。例如 2016 年 3 月中泰铁路遭遇波折，泰国民众希望中国给予泰国 "友情利息" 未得到响应，引起泰国内对铁路项目的负面争议，给本国政府造成无形的舆论压力，双方在融资利率和总投资成本分担方面发生分歧，泰总理巴育对外宣布泰方将独立融资，对项目的推进带来阻碍。

双边友城关系测量我国省区市与 "一带一路" 国家城市缔结友好城市关系数量，反映中资企业的跨国投资的民情基础。相对于双边领导人互动、投资协定等正式外交活动外，友好城市的建立是作为一种非正式的外交活动，一定程度上赋予双边城市经济合作和投资一种 "优先待遇"，双边城市的友好交流能够显著地提高双边投资的信息透明度和合作匹配度，降低了东道国投资环境发生潜在风险的可能性。

民众积极情绪测量 "一带一路" 国家媒体和网民对我国整体情感倾向以及反华事件的次数及损失程度，反映 "一带一路" 国家对我国的心理认同以及舆情基础。如果我国与 "一带一路" 国家民众之间长期存在心理落差和隔阂，加上部分中资企业罔顾当地环境限制规定、宗教文化、风俗习惯等，不仅不利于国家间的战略互动与合作，而且中资企业的经贸投资活动很难进入当地市场，或者在建设过程中可能遭到当地行业协会、民众示威游行等反抗。例如，原计划投资 200 亿美元修建的中缅 "皎漂—昆明" 铁路工程搁浅的重要原因之一就是当地民众认为并未直接受益却要为此付出环境破坏的代价。

文化交流通过考察一国华裔人口占比等反映当地与我国的文化相近程度。"一带一路" 国家历史、文化差异较大，民族宗教的习俗环境异于国内，工作习惯和效率差别较大。随着 "一带一路" 建设的深入，文化差异造成的各方面矛盾会进一步凸显，成为影响项目进一步落实的风险源。而宗教信仰、语言、文化价值观念和风俗习惯相近有利于中国企业与当地建立信任关系，共享人脉与信息，更好推动项目合作。

第三节 综合评估体系框架

基于上述对"一带一路"国际合作具体风险的识别与分析，我们根据当前指标数据易获取、指标代表性等原则，进一步精选了核心指标，构建了包括 4 个一级指标、12 个二级指标、34 个三级指标在内的"一带一路"国际合作风险评估指标体系，见图 3-2、表 3-7。

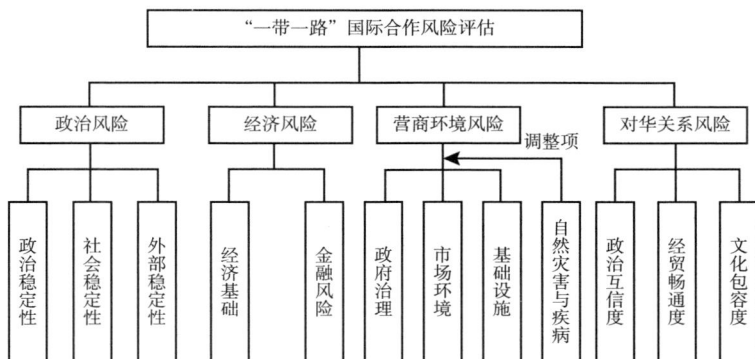

图 3-2 "一带一路"国际合作风险评估体系框架

表 3-7 "一带一路"国际合作风险评估指标体系

一级指标	二级指标	三级指标
政治风险	政治稳定性	政权平稳度
		政府包容度
	社会稳定性	恐怖主义威胁度
		暴力犯罪
		内部冲突
	外部稳定性	邻国关系
		外部冲突
经济风险	经济基础	人均 GDP
		GDP 增长率
		通货膨胀
		就业水平
		经常账户差额

续表

一级指标	二级指标	三级指标
经济风险	金融风险	汇率变动
		汇兑限制
		负债率
		储备债务率
营商环境风险	政府治理	行政效率
		法治水平
		税务负担
	市场环境	生产要素流动
		劳动力市场监管
	基础设施	通电水平
		运输基础设施
	调整项	自然灾害与疾病
对华关系风险	政治互信度	高层互访
		伙伴关系
	经贸畅通度	双边投资协定
		双边监管合作协议
		双边税收协定
		特殊协定
		双边投资
		双边贸易
	文化包容度	民众积极情绪
		文化交流

第四章
"一带一路"国际合作风险评估实践

为进一步验证本书所构建指标体系的合理性、可行性及实践指导性，我们设计了具体评估过程与方法，选取部分"一带一路"国家进行了风险评估，以期为参与"一带一路"建设的有关部门及企业提出参考借鉴。

第一节 评估过程

在评估指标体系的指引下，整个评估过程大致分为如下四个步骤。

一 选择参评范围

参照商务部等有关部门发布相关统计公报时的"一带一路"国别范围，此次测评选取 64 个国家作为参评对象。本次参评国家划分为东北亚、东南亚、南亚、西亚北非、中东欧、中亚 6 个区域，其中东北亚包括蒙古、俄罗斯 2 个国家；东南亚包括新加坡、印度尼西亚、马来西亚、泰国、越南、菲律宾、柬埔寨、缅甸、老挝、文莱、东帝汶 11 个国家；南亚包括印度、巴基斯坦、斯里兰卡、孟加拉国、尼泊尔、马尔代夫、不丹 7 个国家；西亚北非包括阿联酋、科威特、土耳其、卡塔尔、阿曼、黎巴嫩、沙特阿拉伯、巴林、以色列、也门、埃及、伊朗、约旦、叙利亚、伊拉克、阿富汗、巴勒斯坦、阿塞拜疆、格鲁吉亚、亚美尼亚 20 个国家；中东欧包括波兰、阿尔巴尼亚、爱沙尼亚、立陶宛、斯洛文尼亚、保加利亚、捷克、匈牙利、马其顿、塞尔维亚、罗马尼亚、斯洛伐克、克罗地亚、拉脱维亚、波黑、黑山、乌克兰、白俄罗斯、摩尔多瓦 19 个国家；

中亚包括哈萨克斯坦、吉尔吉斯斯坦、土库曼斯坦、塔吉克斯坦、乌兹别克斯坦 5 个国家。

二 确定评估方法

此次评估主要应用了三种评分方法：一是指标权重设计采用德尔菲法，经过多轮专家评议，最终确定（见表 4-1）；二是定量指标主要采用无量纲化处理；三是对数值分布极其不均匀的指标，采取栅格法，依据实际数值划分若干个区间进行分档打分。

定量正指标无量纲具体计算公式是：

$$R_j(x) = \begin{cases} \dfrac{x_j - x_{j\min}}{x_{j\max} - x_{j\min}} \times 满分值, & x_{j\min} < x_j < x_{j\max} \\ 0, & x_j \leqslant x_{j\min} \\ 满分值, & x_j \geqslant x_{j\max} \end{cases}$$

其中，$R_j(x)$ 代表第 j 个指标的评价值，x_j 代表第 j 个指标的计算值，$x_{j\max}$ 代表第 j 个指标的最大取值，$x_{j\min}$ 代表第 j 个指标的最小取值，"满分值" 是指该评估指标的满分值。如果指标值域是 0~100%，可以直接采用公式：$R_j(x) = x_j \times 满分值$。

表 4-1 "一带一路" 国际合作风险评估指标权重设计

一级指标	二级指标	三级指标
政治风险（26）	政治稳定性（10）	政权平稳度（6）
		政府包容度（4）
	社会稳定性（8）	恐怖主义威胁度（3）
		暴力犯罪（3）
		内部冲突（2）
	外部稳定性（8）	邻国关系（4）
		外部冲突（4）
经济风险（26）	经济基础（14）	人均 GDP（4）
		GDP 增长率（2）
		通货膨胀（2）
		就业水平（3）
		经常账户差额（3）

续表

一级指标	二级指标	三级指标
经济风险(26)	金融风险(12)	汇率变动(2)
		汇兑限制(3)
		负债率(3)
		储备债务率(4)
营商环境风险(26)	政府治理(10)	行政效率(4)
		法治水平(3)
		税务负担(3)
	市场环境(8)	生产要素流动(4)
		劳动力市场监管(4)
	基础设施(8)	通电水平(3)
		运输基础设施(5)
	调整项	自然灾害与疾病(-2)
对华关系风险(22)	政治互信度(6)	高层互访(3)
		伙伴关系(3)
	经贸畅通度(10)	双边投资协定(2)
		双边监管合作协议(1)
		双边税收协定(2)
		特殊协定(1)
		双边投资(2)
		双边贸易(2)
	文化包容度(6)	民众积极情绪(3)
		文化交流(3)

注：指标名称后括号内为权重值，单位为%。

三 划分评级结果

在各指标的得分基础上，采用线性加权方法计算得到每一个测评对象的综合得分，并将总分转化为相应的风险级别。总分设为100，评估得分越高，风险水平越低；反之，评估得分越低，风险水平越高。本评级体系按照评估总分从高到低划分为9个风险等级，依次为AAA、AA、A、BBB、BB、B、CCC、CC、C。其中AAA、AA属于低风险级别，A、BBB属于较低风险级别，BB、B属于中等风险级别，CCC属于较高风险级别，CC、C属于高风险级别，具体见图4-1。

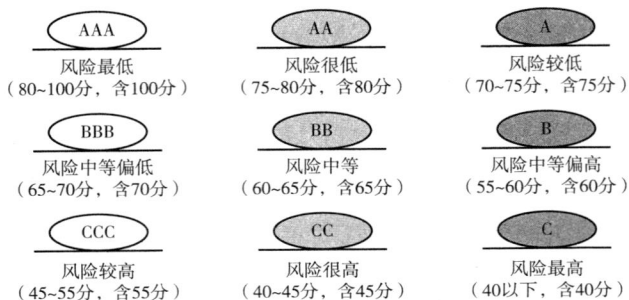

图4-1 "一带一路" 国际合作风险评估结果等级划分

四 执行风险评估

在确定评估指标及权重、选定评估范围、明确评估方法等前期筹备工作后，要开展具体评估工作，大致包含如下几个步骤。

第一步：数据采集与清洗。对与指标相关的国内外机构发布的公开数据进行采集、清洗、整理，抓取国内外互联网舆情大数据，并利用大数据分析技术对文本数据进行去重、提取主题、情感分析。

第二步：基础数据梳理。对数据中出现的异常值进行识别，对缺失值进行处理，最后对34个指标的全部数据进行整理。

第三步：计算评估得分。对指标数据进行标准化处理，使其具有可比较性，综合计算得到各参评对象总分，分析得出初步评估结论。

第四步：评估结果修正。召开专家研讨会，对评估结果及结论进行讨论，根据专家意见对评级结果进行二次修正，完善评估报告。

第二节 总体评估结论

一 国家维度

评估发现，处于较低风险及以上（AAA、AA、A、BBB）级别的国家有 18 个 (占比 28.12%), 中等风险级别 (BB、B) 的国家有 25 个 (占比 39.07%), 较高风险及以上 (CCC、CC、C) 级别的国家有 21 个 (占比 32.82%) (见图 4-2)。从国家看, 新加坡风险最低, 风险级别为 AAA, 其次为阿联酋、捷克、文莱、泰国, 风险级别为 A; 巴勒斯坦风险最高, 风险级别为 C, 其次为叙利亚、阿富汗、也门、伊拉克等国 (见表 4-2)。

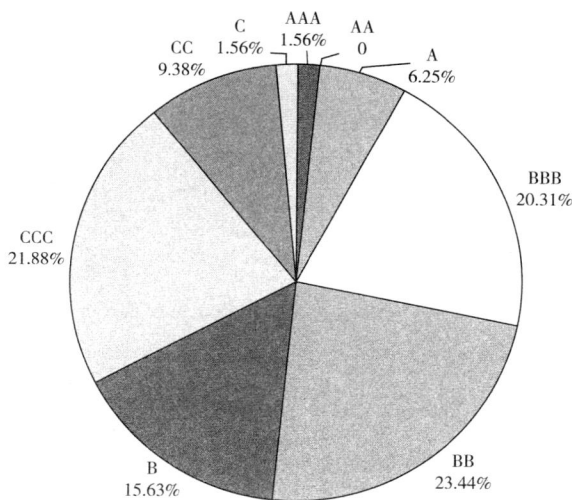

图 4-2 不同风险级别的国家数量

二 区域维度

从区域看, 中亚和南亚国家风险整体较高, 西亚北非国家间风险悬殊差异最大。中亚、南亚地区的国家均处于 BB-C 的风险级别 (见图 4-3), 平均分最低, 分别为 55.21 分、54.64 分, 且区域内国家间风险水平差距较小 (见图 4-4), 极差①分别为9.73 分、10.67 分; 东南亚国家风险水平总体

———————————

① 极差 = 最大值 - 最小值。

表 4 - 2 "一带一路" 国别风险评级

排名	国家	风险级别	排名	国家	风险级别
1	新加坡	AAA	33	印度	BB
2	阿联酋	A	34	阿尔巴尼亚	B
3	捷克	A	35	格鲁吉亚	B
4	文莱	A	36	蒙古	B
5	泰国	A	37	黑山	B
6	马来西亚	BBB	38	亚美尼亚	B
7	卡塔尔	BBB	39	尼泊尔	B
8	波兰	BBB	40	约旦	B
9	科威特	BBB	41	土耳其	B
10	以色列	BBB	42	吉尔吉斯斯坦	B
11	保加利亚	BBB	43	孟加拉国	B
12	印度尼西亚	BBB	44	斯里兰卡	CCC
13	匈牙利	BBB	45	阿塞拜疆	CCC
14	罗马尼亚	BBB	46	土库曼斯坦	CCC
15	俄罗斯	BBB	47	伊朗	CCC
16	阿曼	BBB	48	乌兹别克斯坦	CCC
17	斯洛文尼亚	BBB	49	波黑	CCC
18	立陶宛	BBB	50	巴基斯坦	CCC
19	沙特阿拉伯	BB	51	埃及	CCC
20	爱沙尼亚	BB	52	黎巴嫩	CCC
21	柬埔寨	BB	53	缅甸	CCC
22	越南	BB	54	摩尔多瓦	CCC
23	菲律宾	BB	55	东帝汶	CCC
24	老挝	BB	56	马尔代夫	CCC
25	拉脱维亚	BB	57	塔吉克斯坦	CCC
26	克罗地亚	BB	58	不丹	CC
27	塞尔维亚	BB	59	乌克兰	CC
28	斯洛伐克	BB	60	伊拉克	CC
29	巴林	BB	61	也门	CC
30	哈萨克斯坦	BB	62	阿富汗	CC
31	马其顿	BB	63	叙利亚	CC
32	白俄罗斯	BB	64	巴勒斯坦	C

较低，但区域内国家间也存在较大的差距，既包括新加坡（AAA）、泰国（A）等风险水平较低的国家，也包括东帝汶（CCC）、缅甸（CCC）等高风险国家；西亚北非国家风险水平差距最大，极差为 42.16 分，既包括阿联酋（A）等风险水平较低的国家，也包括在 64 个国家中风险最高的巴勒斯坦（C）、叙利亚（CC）、阿富汗（CC）、也门（CC）、伊拉克（CC）这五个国家。

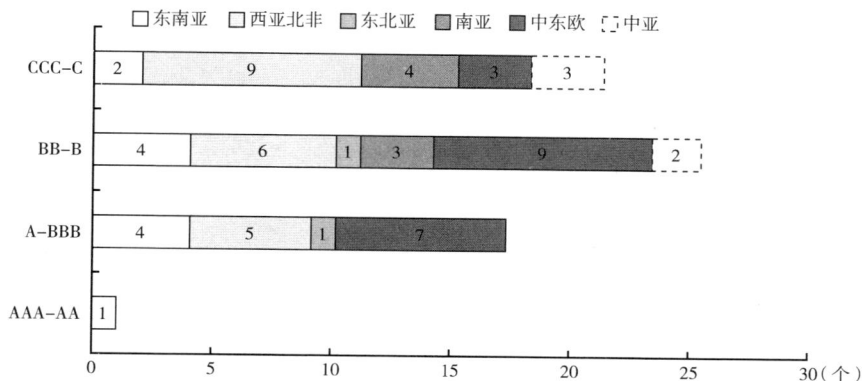

图 4-3 各区域不同风险评级国家数量

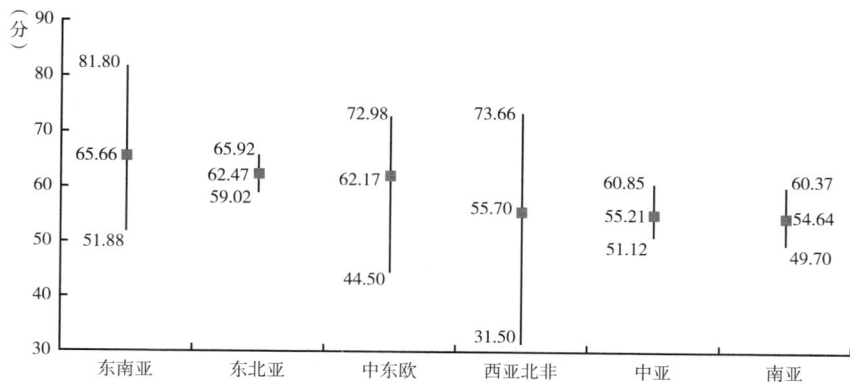

图 4-4 各区域国家间评估总分差距情况

三 风险维度

从四个一级指标得分情况看，"政治风险"得分率最高，达 68.43%（见表 4-3 和图 4-6），其次是"营商环境风险"，其中以西亚北非地区国家差距最为明显（见图 4-5）。"经济风险"指标离散系数最小，表明"一带一路"国家经济水平普遍较低且国家间差距较小。"对华关系风险"指标得分率最低，各个国家与中国关系紧密程度差异较大。

表 4-3 "一带一路"国别风险评估一级指标得分情况

一级指标	权重（%）	最高得分	最低得分	平均分	得分率（%）	离散系数
政治风险	26	24.19	8.3	17.79	68.43	0.22
经济风险	26	21.16	7.98	14.79	56.90	0.17
营商环境风险	26	24.77	3.6	16.31	62.74	0.22
对华关系风险	22	18.05	2.28	10.49	47.69	0.32

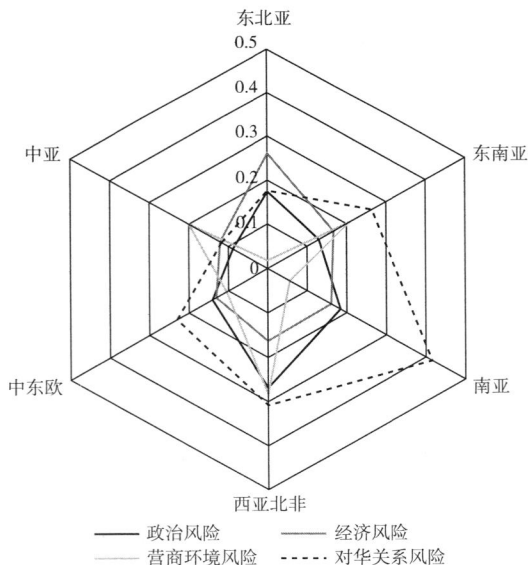

图 4-5　各区域一级指标的离散系数

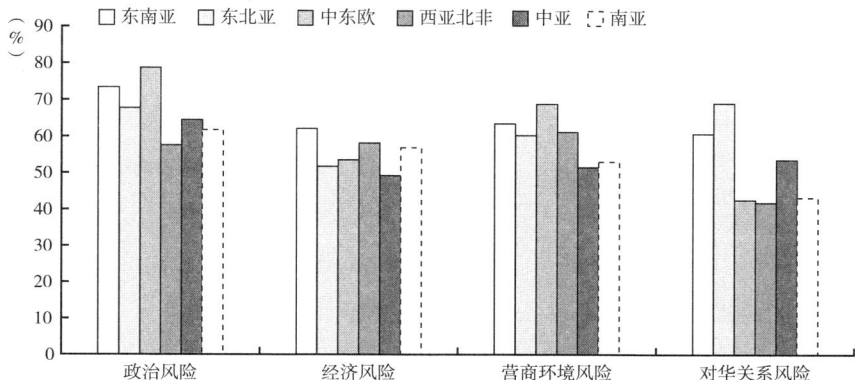

图 4 - 6　五个一级指标各区域平均得分率情况

第三节　分项评估结论

进一步从政治风险、经济风险、营商环境风险、对华关系风险四个测评维度对参评 64 个国家的合作风险进行分析，结论如下。

一　政治风险分析

"政治风险"包括"政治稳定性""社会稳定性""外部稳定性"三个二级指标（见表 4 - 4）。评估结果显示，总体看，中东欧国家政治风险普遍较低，西亚北非国家政治风险较高。从国别看，捷克、斯洛文尼亚、新加坡、保加利亚、波兰的政治风险最低，且政治、社会和外部稳定性均较好（见图 4 - 7、图 4 - 8）；叙利亚、也门、阿富汗、巴基斯坦、巴勒斯坦的政治风险最高，存在来自政治、社会和外部多重风险。从区域看，中东欧国家政治风险总体较低，平均分为 20.63 分（见图 4 - 9），在低政治风险的前 20 名中，中东欧国家有 12 个；西亚北非国家政治风险总体较高，平均分为 15.09 分，在高政治风险的前 20 名中，西亚北非国家占据 13 个。

表 4 - 4 "政治风险" 二级指标得分情况

一级指标	二级指标	权重(%)	最高得分	最低得分	平均分	得分率(%)	离散系数
政治风险	政治稳定性	10	10	1	6.23	62.32	0.35
	社会稳定性	8	7.81	1.45	5.84	72.97	0.27
	外部稳定性	8	7.65	2.86	5.72	71.51	0.21

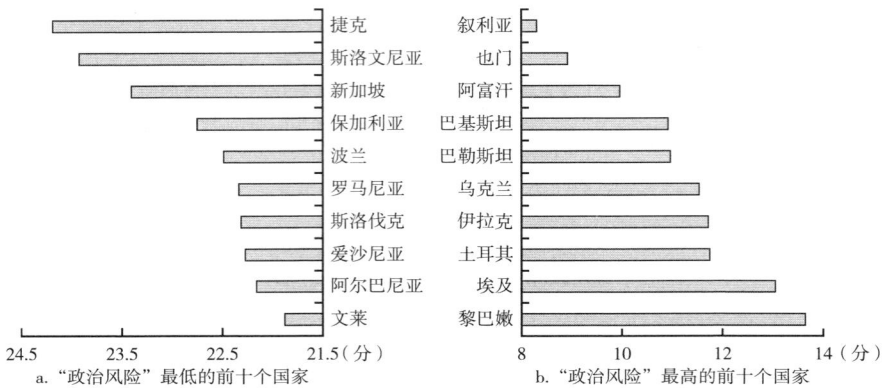

a. "政治风险" 最低的前十个国家　　　　b. "政治风险" 最高的前十个国家

图 4 - 7 "政治风险" 最低和最高的 10 个国家

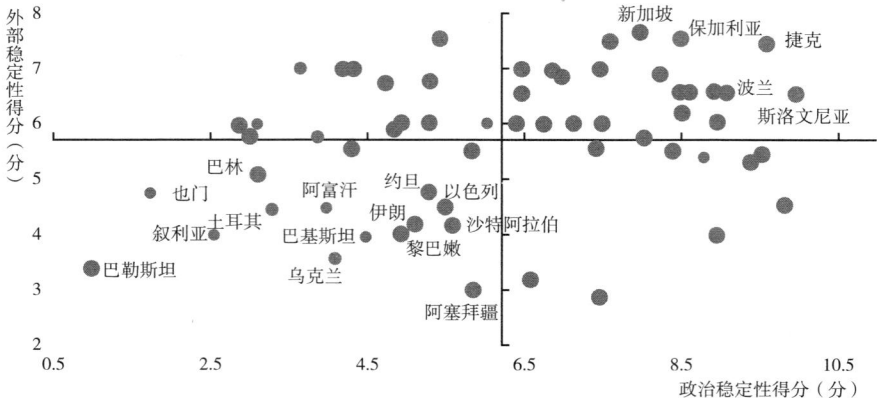

图 4 - 8 "政治风险" 三个二级指标对比

注：气泡大小代表社会稳定性，气泡越小代表得分越低，该指标风险越大。

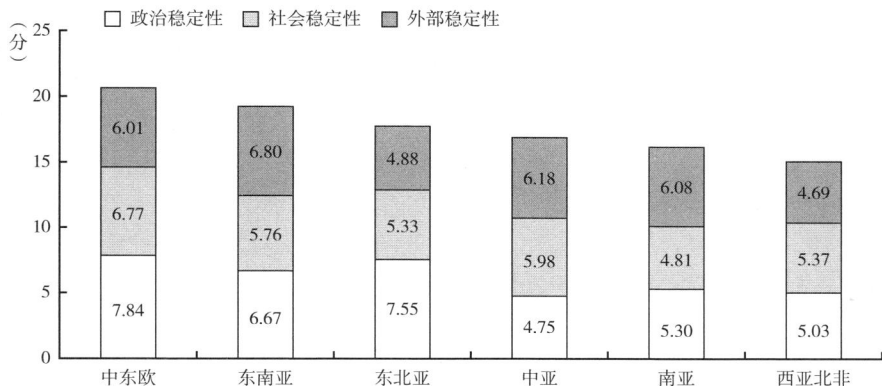

图 4 – 9　各区域"政治风险"二级指标得分及分布情况

（一）中东欧地区政治稳定性最高，巴勒斯坦、也门、阿富汗政权较脆弱

二级指标"政治稳定性"平均分为 6.23 分，得分率最低，为 62.32%。中东欧国家政治稳定性最高，在高政治稳定性得分的前 20 名中，有 11 个中东欧国家。中亚国家政治稳定性最低。具体从政权稳定及平稳过渡看，新加坡政权平稳度最高，巴勒斯坦、也门、阿富汗长期动荡，政权平稳度最弱。巴以冲突一直是中东地区冲突的热点之一，巴以两国为争夺耶路撒冷冲突不断。胡塞武装组织长期盘踞在也门北部萨达省，与也门政府持续不断的激烈战斗加剧了也门的动荡局势。2001 年，美军以武力推翻当时的阿富汗塔利班政权，但始终不能彻底铲除其势力，阿富汗安全形势动荡至今，目前美国与塔利班和阿富汗政府的谈判、调停、斡旋仍在进行之中。此外，"一带一路"国家中泰国、缅甸、埃及、巴基斯坦等国家政局动荡，长期面临军人干政问题。

（二）西亚北非和南亚地区国家恐怖主义威胁较为严重，也门、阿富汗、孟加拉国犯罪率较高

从恐怖主义威胁看，据全球恐怖主义数据库（GTD）统计，2017 年西亚北非 20 国中有 14 个国家遭遇过恐怖袭击，14 国遭遇袭击次数平均达 350 次；南亚 7 国中仅有不丹未遭受恐怖袭击，其余 6 国平均袭击次数达 336 次（见图 4 – 10）。从国家看，伊拉克、阿富汗、印度、巴基斯坦、菲律宾恐怖

袭击次数均超过 500（见图 4 - 11）；斯洛文尼亚、斯洛伐克等中东欧国家
和新加坡、文莱等东南亚国家近年来未发生恐怖袭击。从犯罪率看，也门、
阿富汗、孟加拉国等国家犯罪率最高，卡塔尔、新加坡、阿联酋等国家犯罪
率很低，社会治安较好。从区域看，中东欧国家犯罪率整体较低，78.95% 的
中东欧国家犯罪指数①处于 20～40 区间（见图 4 - 12）。

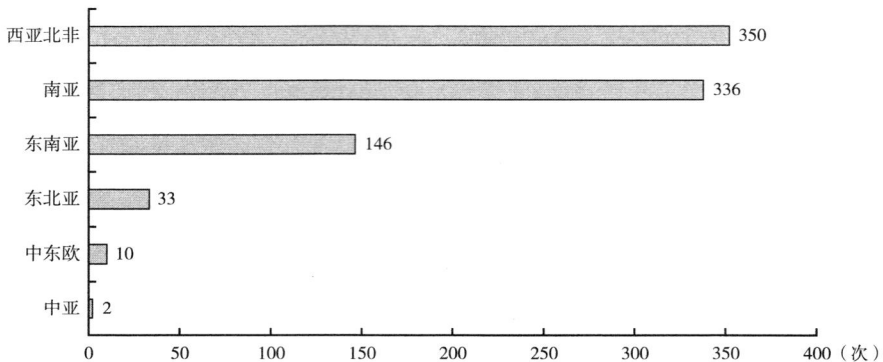

图 4 - 10　2017 年各区域发生恐怖袭击的国家平均次数

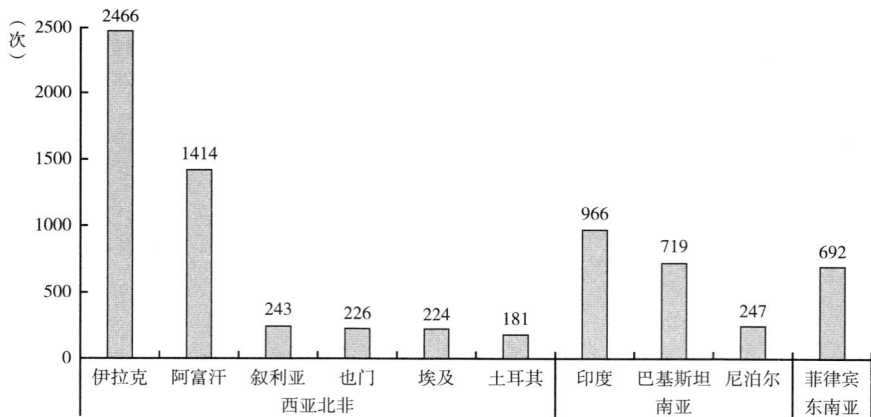

图 4 - 11　2017 年恐怖袭击次数最多的前十个国家区域分布

---

①　全球最大的城市数据库网站 numbeo 用犯罪指数对特定城市或国家的总体犯罪水平进行估
　　计，认为犯罪率低于 20，非常低，20～40 区间的犯罪率低，40～60 区间的犯罪率为中等，
　　60～80 区间的犯罪率高，犯罪率高于 80，非常高。

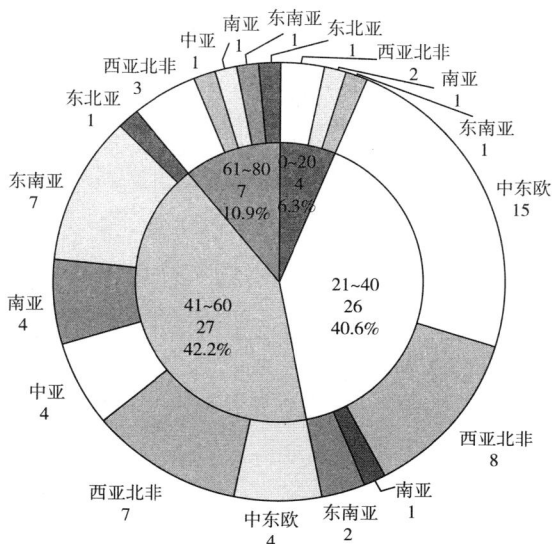

图 4 – 12　不同犯罪指数区间各区域国家数量

（三）东南亚国家外部稳定性较好，西亚北非国家外部稳定性较弱

评估显示，东南亚国家外部环境最为稳定，平均分为 6.80 分（见图 4 –
13），且区域内国家与周边邻国关系较为友好，发生外部冲突较少。西亚北
非国家外部稳定性最弱，平均分为 4.69 分，且区域内国家与周边邻国爆发
冲突的次数及伤亡人数最多。具体从国家看，新加坡、马来西亚、保加利
亚、罗马尼亚、捷克等国家外部稳定性较好，亚美尼亚、阿塞拜疆、俄罗
斯、巴勒斯坦、乌克兰等国家外部稳定性较弱。因"纳卡"问题，阿塞拜
疆和亚美尼亚两国发生敌对冲突，虽之后两国关系有所趋缓，但阿亚两国间
随时爆发武装冲突的可能性依然很大，零星冲突时有发生。2013 年底，乌
克兰危机爆发后，俄乌关系进入低谷，2014 年起，两国相继启动了多轮制
裁与反制裁措施，此后两国关系一直处于紧张状态。因外部冲突而引发人员
伤亡中，印度与巴基斯坦、巴勒斯坦与以色列、亚美尼亚与阿塞拜疆冲突伤
亡最为严重。

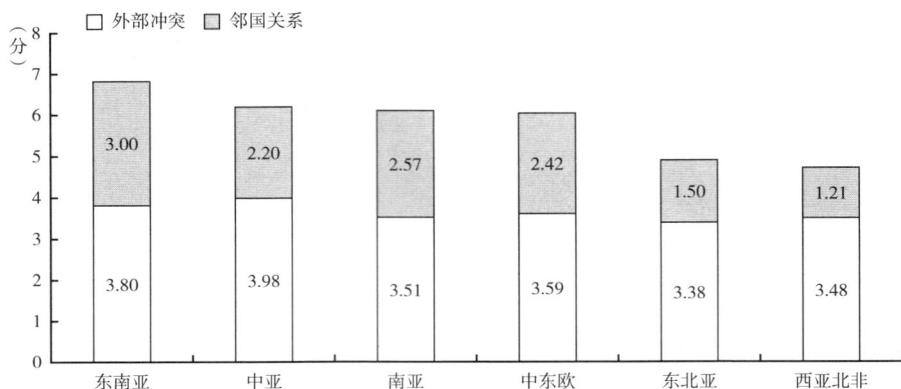

图 4-13 各区域 "外部稳定性" 具体指标得分

二 经济风险分析

"经济风险" 包括 "经济基础" 和 "金融风险" 两个二级指标 (见表 4-5)。结果显示, 东南亚和西亚北非国家经济风险较低。从国别看, 文莱、以色列、泰国、卡塔尔、沙特阿拉伯的经济风险最低, 乌克兰、蒙古、不丹、埃及、东帝汶的经济风险最高 (见图 4-14)。从区域看, 东南亚、西亚北非国家经济风险较低 (见图 4-15), 平均分分别为 16.28 分、15.26 分, 经济风险较低的前十个国家均来自东南亚和西亚北非地区; 中亚地区经济风险较其他地区高, 经济基础、金融风险得分均不理想。

表 4-5 "经济风险" 二级指标得分情况

一级指标	二级指标	权重(%)	最高得分	最低得分	平均分	得分率(%)	离散系数
经济风险	经济基础	14	12.22	3.18	7.29	52.04	0.22
	金融风险	12	11.31	3.57	7.51	62.57	0.24

"一带一路" 国家经济发展水平总体较低且差距很大, 新加坡、文莱、卡塔尔、以色列等国家经济基础较好, 东帝汶、也门、埃及、乌克兰、阿富汗等国家经济发展较落后。具体从人均 GDP 看, 卡塔尔和新加坡人均 GDP 超过 50000 美元 (见图 4-16), 是排名末位的阿富汗人均 GDP 的 100 倍。

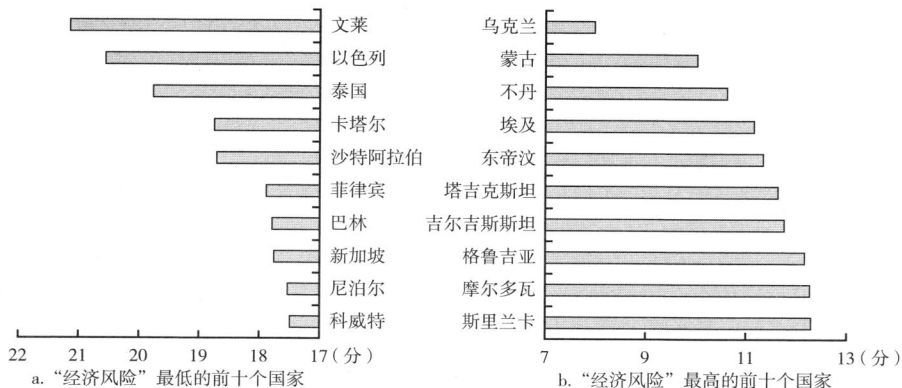

图 4-14 "经济风险"最低和最高的 10 个国家

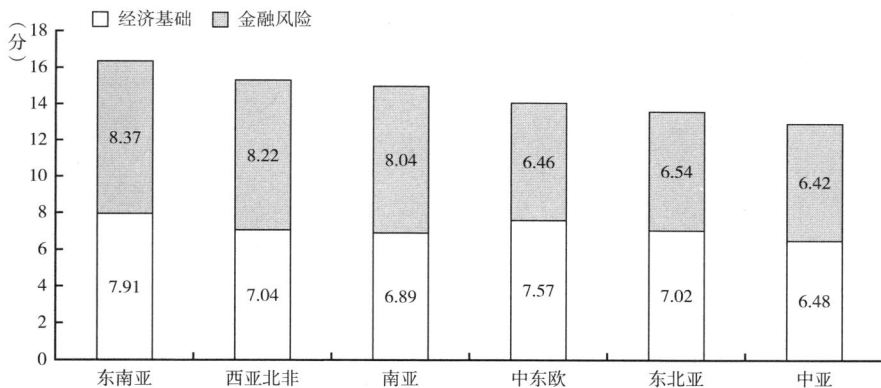

图 4-15 各区域"经济风险"二级指标得分及分布情况

从 GDP 在 2013~2017 年五年年均增速看，孟加拉国、柬埔寨、老挝等人均 GDP 较低的国家正保持较高的 GDP 增速，也门、东帝汶、阿塞拜疆等人均 GDP 较低且国家经济呈负增长。从经常账户看，新加坡、文莱、泰国的经常账户顺差占同期 GDP 的比例大于 10%，阿富汗、不丹、黎巴嫩等国家的经常账户逆差占同期 GDP 的比例大于 20%，远超经常账户逆差占同期 GDP 4%~5% 的国际收支危机历史经验水平，国际收支风险较高。从就业率看，卡塔尔、柬埔寨、尼泊尔就业率高于 80%，国内就业情况较为稳定，也门、约旦、波黑、叙利亚、东帝汶、伊朗就业率不足 40%，失业问题较为严重。

对一国政府的外债，国际公认的负债率警戒线为 20%，高于此值即被视为进入风险区。评估发现，78% 的 "一带一路" 国家负债率超过 20%，债务负担普遍较重。从国家看，新加坡、蒙古负债率较高。在汇兑限制方面，不丹、叙利亚、乌克兰等国家限制较多。

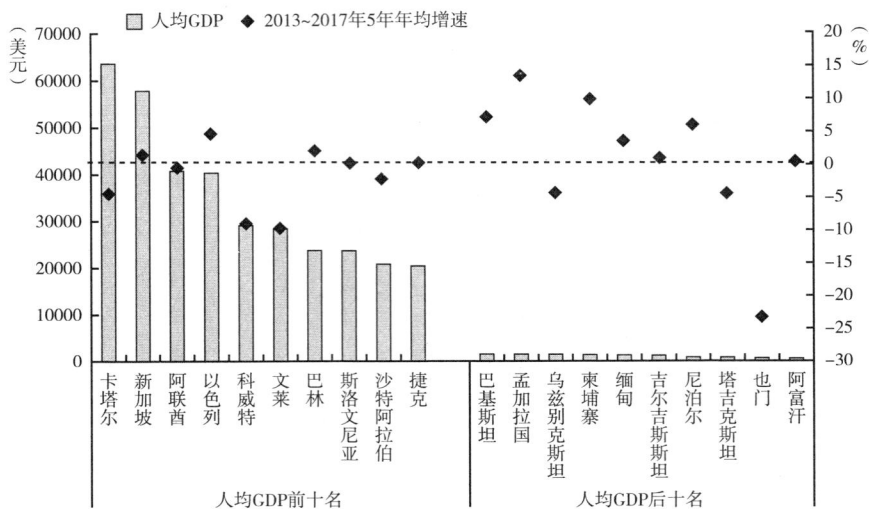

图 4 - 16 人均 GDP 排名前十名和后十名的国家及其 GDP 年均增速

三 营商环境风险分析

"营商环境风险" 包括 "政府治理" "市场环境" "基础设施" 三个二级指标（见表 4 - 6）。结果显示，"一带一路" 国家营商环境差距显著。从国别看，新加坡、阿联酋、以色列、拉脱维亚、捷克营商环境风险最低（见图 4 - 17），巴勒斯坦、阿富汗、土库曼斯坦、缅甸、叙利亚营商环境风险最高，"一带一路" 国家营商环境呈现 "强者愈强、弱者愈弱"，国家间差距较大，新加坡得分 24.77 分，且在 "政府治理" "市场环境" "基础设施" 三个二级指标中均排名第一，远高于巴勒斯坦（3.60 分），处于两极的少数国家间差距也远大于中间国家间的差距，如新加坡、阿联酋与以色列之间得分差距远大于以色列、拉脱维亚、捷克之间的差距。从区域看，中亚和南亚地区营商环境风险较高（见图4-18），西亚北非地区国家营商环境风险总体处于中等水平且国家间差距最大，既包括风险较低的阿联酋、以色列，也包括风险极高的巴勒斯坦、阿富汗。

表4-6 "营商环境风险"二级指标得分情况

一级指标	二级指标	权重(%)	最高得分	最低得分	平均分	得分率(%)	离散系数
营商环境风险	政府治理	10	9.24	0.00	5.93	59.31	0.25
	市场环境	8	7.53	1.10	5.01	62.56	0.29
	基础设施	8	8.00	2.50	5.54	69.23	0.19

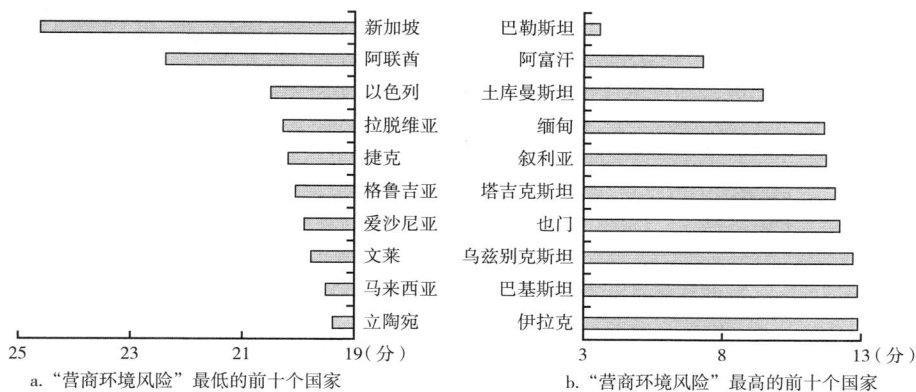

a. "营商环境风险"最低的前十个国家　　b. "营商环境风险"最高的前十个国家

图4-17 "营商环境风险"最低和最高的10个国家

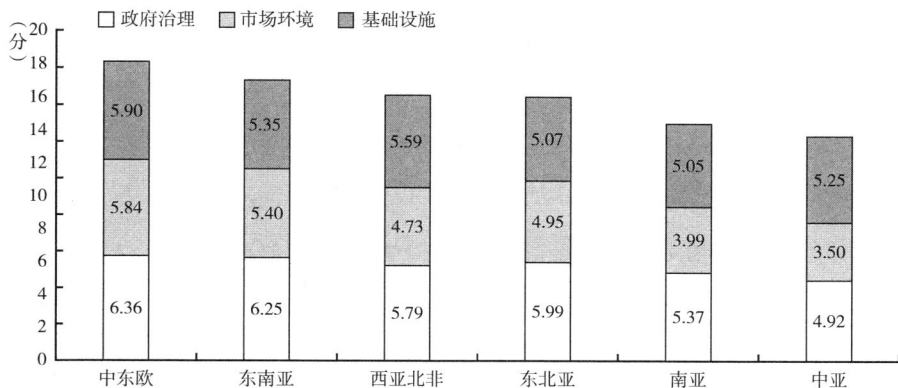

图4-18 各区域"营商环境风险"二级指标得分及分布情况

（一）西亚北非、东南亚地区国家间行政效率差距明显，南亚和中亚国家法治水平较差

在行政效率方面，主要从开办企业、办理施工许可、登记财产三个方面进行测度。结果显示，"一带一路"国家在开办企业效率方面的差距不大，但在办理施工许可和登记财产这两方面差距明显，其中西亚北非国家在办理施工许可方面差距最大，东南亚国家在登记财产的效率方面差距最大（见图4-19）。具体从国家来看，柬埔寨办理施工许可的时间最长为652天，而新加坡仅需41天；文莱登记财产的时间需要298.5天，而格鲁吉亚仅需1天（见表4-7）。在法治方面，中东欧国家的社会成员在遵从契约、服从法律方面的质量水平总体较高，中亚和南亚地区表现较差（见图4-20），具体从国家来看，新加坡、爱沙尼亚、捷克等国家法治程度较高，叙利亚、也门、伊拉克等国家法治水平较低，发生违规、犯罪等行为的概率极高。

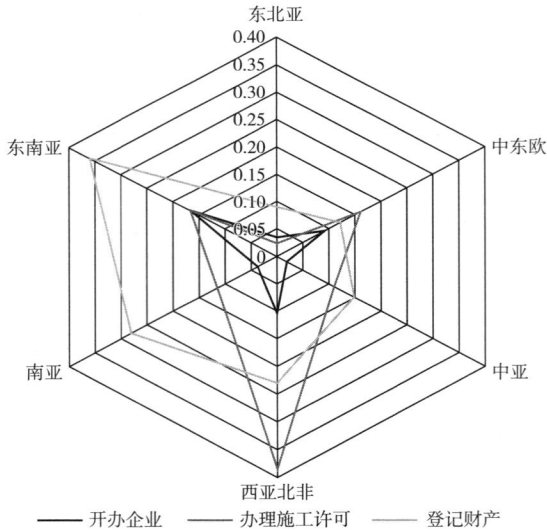

图4-19 各区域行政效率具体指标的离散系数

（二）新加坡市场环境较好，伊朗、巴基斯坦、缅甸市场环境限制较多

市场环境主要从资本和人员流动等要素流动和劳动力市场监管的自由程度进行测评，新加坡吸引外商投资的环境友好，自由度最高，伊朗、巴基斯

表 4 - 7　办理施工许可及登记财产效率较高和较低的国家

单位：个，天

	排名	办理施工许可程序		办理施工许可时间		登记财产程序		登记财产时间	
效率较低	1	摩尔多瓦	28	柬埔寨	652	乌兹别克斯坦、科威特、阿富汗、埃及、菲律宾、印度	9	文莱	298.5
	2	塔吉克斯坦	25	阿根廷	341			孟加拉国	270.8
	3	罗马尼亚	24	斯洛伐克	300			阿富汗	250
效率较高	1	马其顿	9	新加坡	41	格鲁吉亚	1	格鲁吉亚	1
	2	越南、马尔代夫、爱沙尼亚、新加坡	10	阿联酋	50.5	阿联酋、巴林、阿曼、白俄罗斯	2	阿联酋	1.5
	3	—		马来西亚	54	—		白俄罗斯	3

资料来源：世界银行。

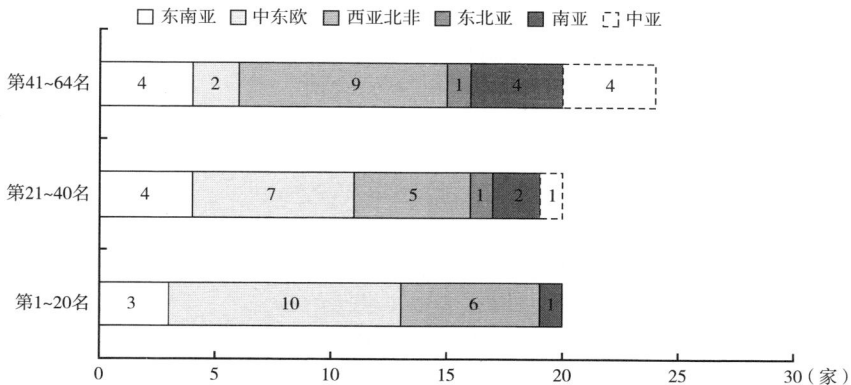

图 4 - 20　各区域不同"法治水平"排名的国家数量

坦、缅甸等国家市场环境限制较多，自由度较低。具体来看，新加坡、以色列、罗马尼亚在外资投资限制、资本管制、外国人自由活动程度方面自由度较高；伊拉克、白俄罗斯、不丹等国家限制相对较多；文莱、不丹、捷克等国家在最低工资、雇用和解雇条例、集体谈判、工作时间的规定、解雇雇员的规定费用等劳动力市场监管方面表现较好，印度尼西亚、土耳其、泰国等国家相对较弱。

（三）近77%的 "一带一路" 国家通电率达100%，国家间运输基础设施水平差距较大

"基础设施" 主要从通电水平和交通运输基础设施两方面进行测度。结果显示，76.56%的 "一带一路" 国家实现了100%的通电率，但仍有个别国家如柬埔寨、缅甸、东帝汶、也门、孟加拉国等国家通电率还不及80%。在港口、公路、铁路、通信等基础设施方面，"一带一路" 国家间差距较大，新加坡交通发达，设施便利，排名第一（见图4-21），是世界重要的转口港及联系亚、欧、非、大洋洲的航空中心，另据世界经济论坛发布的《全球竞争力报告2018》，新加坡的基础设施得分在全球140个经济体中排名第一。阿联酋公路网发达，公路交通十分的便利，阿联酋共有16个现代化的港口，其中9个港口具有集装箱货运码头、仓储及其他十分先进的设施。而东帝汶、阿富汗等国家基础设施严重落后。从区域来看，中东欧和东南亚国家运输基础设施较为便利，中亚及南亚国家基础设施相对落后。

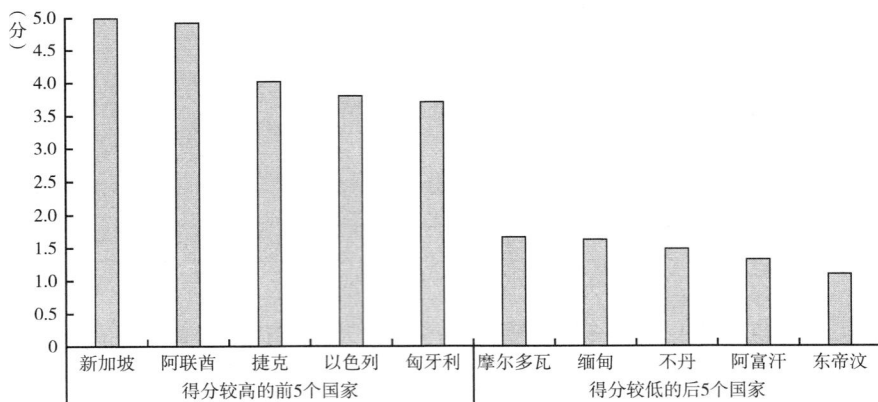

图4-21 运输基础设施得分较高的5个国家和较低的5个国家

此外，自然灾害与疾病的发生频率及危害程度也会对外来投资产生巨大的影响，本次测评中将 "自然灾害与疾病" 作为调整项对 "一带一路" 国家的风险进行调整。测评结果显示，阿富汗、柬埔寨、缅甸、东帝汶、巴基斯坦等国家医疗基础设施较为落后，传染病死亡率较高；柬埔寨、塔吉克斯

坦、阿尔巴尼亚、孟加拉国、印度等国家受干旱、洪水和极端高温等自然灾害影响的人口数量较多。其他国家也会不同程度遭遇自然灾害，据统计，2018年印度尼西亚自然灾害死亡人数达 4231 人，是 2007 年以来最高的一年。

四 对华关系风险分析

"对华关系风险"包括"政治互信度""经贸畅通度""文化包容度"三个二级指标（见表 4-8）。从国别看，俄罗斯、泰国、新加坡、柬埔寨对华关系最好，不丹、巴勒斯坦、东帝汶、伊拉克、黎巴嫩对华关系相对薄弱（见图 4-22）。从区域看，东北亚和东南亚国家对华关系最为友好（见图 4-23）。从三个二级指标看，政治互信方面，中东欧、西亚北非、南亚区域内各国家与中国政治互信水平差距显著，经贸畅通方面，南亚各国家与中国经贸畅通水平差距明显（见图 4-24）。

表 4-8 "对华关系风险"二级指标得分情况

一级指标	二级指标	权重（%）	最高得分	最低得分	平均分	得分率（%）	离散系数
对华关系风险	政治互信度	6	6.00	0.00	2.71	45.16	0.55
	经贸畅通度	10	9.07	0.00	4.76	47.58	0.44
	文化包容度	6	5.83	2.09	3.02	50.42	0.19

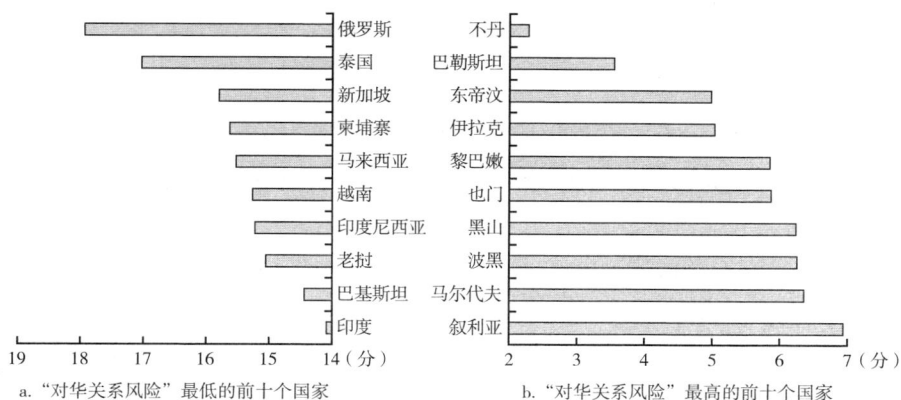

a. "对华关系风险"最低的前十个国家   b. "对华关系风险"最高的前十个国家

图 4-22 "对华关系风险"最低和最高的 10 个国家

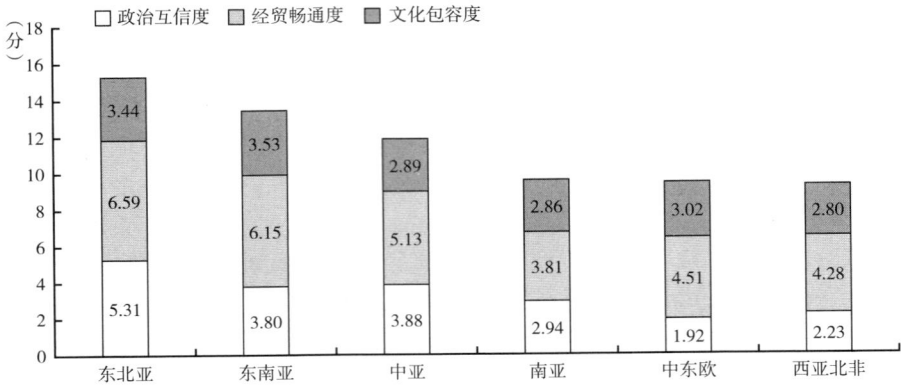

图 4 - 23 各区域 "对华关系风险" 二级指标得分及分布情况

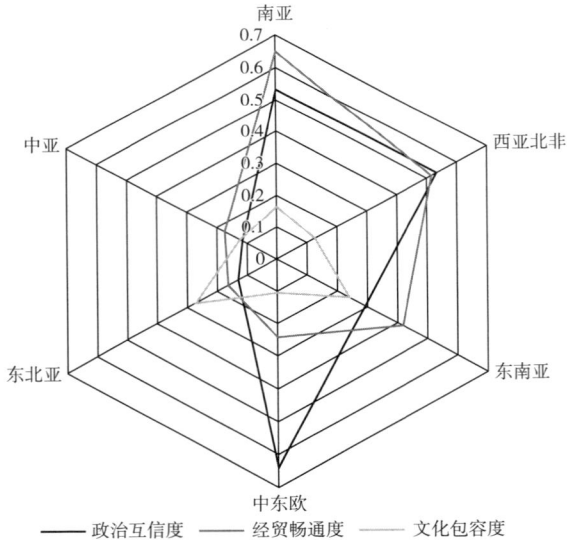

图 4 - 24 各区域 "对华关系风险" 二级指标的离散系数

对比 "政治互信度" 和 "经贸畅通度"，可将 "一带一路" 国家划分为四类（见图 4 - 25）：一是 "政经双热"，俄罗斯、越南、柬埔寨等国家与中国政治互信水平较高，同时与中国经贸合作较为密切；二是 "政热经冷"，阿富汗等国家与中国高层双边交往日益频繁，但经贸合作相对较少；三是 "政冷经热"，以色列等国家与中国政治互信水平相对较低，但经贸关

系不断加深；四是"政经双冷"，不丹并未与中国建交，且与中国经贸往来
较少。

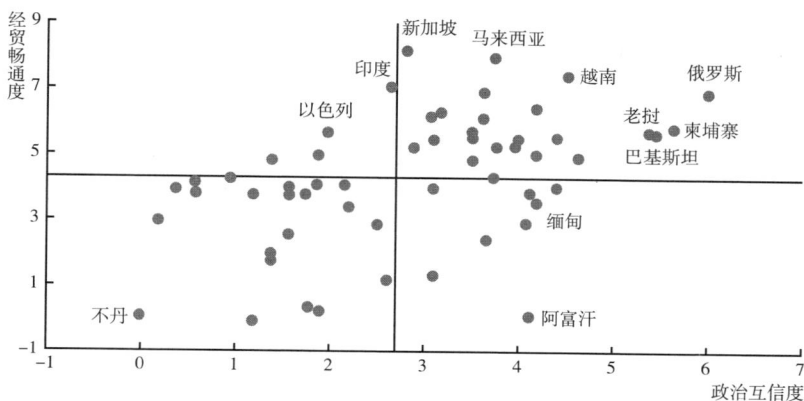

图 4 - 25 "政治互信度"和"经贸畅通度"对比

（一）我国与西亚北非和中东欧国家政治互信水平有待加强

2013 年 9 月 7 日至 2019 年 3 月底，我国与 52 个"一带一路"国家高
层互访频繁，共计 205 次，其中来华访问次数较多，达 153 次。从国家来
看，我国与俄罗斯、柬埔寨、老挝、巴基斯坦、哈萨克斯坦等国家高层互访
次数最多（见图 4 - 26）。从区域看，我国与东北亚、东南亚、南亚、中亚
等地区国家平均互访次数均较高，但与西亚北非、中东欧部分国家未有高层
互访。从伙伴关系看，我国与超过一半的"一带一路"国家建立了全方位
合作伙伴关系及更加深入的伙伴关系，与东北亚、中亚、东南亚等地区国家
伙伴关系级别较高（见图 4 - 27），与 68.42% 的中东欧国家、45.00% 的西
亚北非国家伙伴关系级别低于全方位合作伙伴关系。

（二）我国与东北亚和东南亚国家经贸合作水平较高，与南亚国家经贸合
作水平较低

"经贸畅通度"从投资协定（含双边投资协定、双边监管合作协议、双
边税收协定、特殊协定）、双边投资、双边贸易三个方面进行测度。测评结
果显示，我国与东北亚和东南亚国家经贸畅通度较高，平均分分别为 6.59
分和 6.15 分，与南亚国家经贸合作畅通度较低，平均分为 3.18 分。

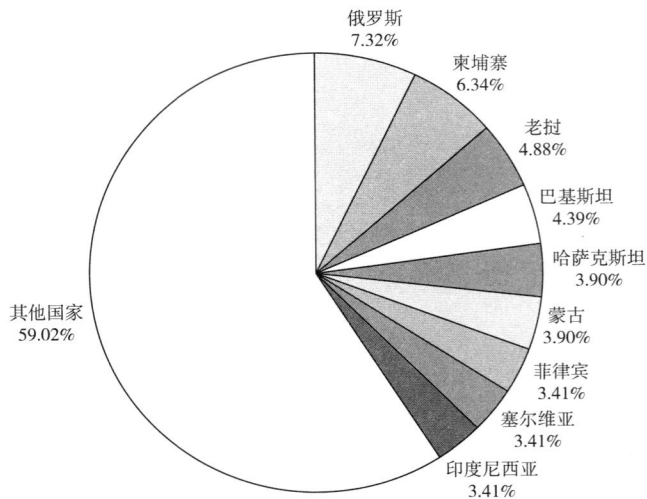

图 4 – 26　2013 年 9 月 7 日至 2019 年 3 月底我国与
"一带一路" 国家高层互访比例

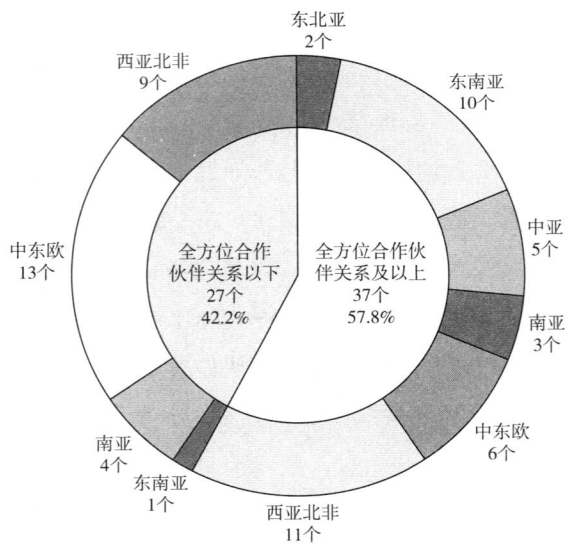

图 4 – 27　不同伙伴关系级别各区域国家数量

具体来看，在投资协定方面，我国与 51 个"一带一路"国家签订了双边投资保护协定，与 53 个国家签订了避免双重征税和防止偷漏税的协定，银监会与 32 个国家的金融监管当局签署了双边监管合作谅解备忘录（MOU）或协议。我国与东帝汶、不丹、阿富汗、伊拉克、巴勒斯坦均未签订任何投资、监管及税收协定，我国企业在这 5 个国家的投资存在较高的不确定性，投资风险较高。此外，我国与 58 个国家签订了经贸投资、产能合作等宏观及农业、信息技术等微观领域的特殊投资协定，其中与土耳其、马来西亚、埃及等国家签订协定数量较多。

从双边投资看，我国对"一带一路"国家直接投资远超过实际利用外商直接投资。其中，对新加坡、俄罗斯直接投资流量最高，2015～2017 年 3 年平均直接投资流量分别为 66.48 亿美元、19.34 亿美元（见图 4 - 28）。同时，中国年均实际利用新加坡外商直接投资流量也是最高，达 59.05 亿美元，双边投资合作最为紧密。2015～2017 年，我国对摩尔多瓦和黎巴嫩没有进行直接投资，对伊朗、也门、土库曼斯坦、斯里兰卡、伊拉克、阿塞拜疆、叙利亚、波兰、马其顿直接投资大幅下降；我国对吉尔吉斯斯坦、塞尔维亚、不丹、东帝汶、格鲁吉亚、马尔代夫、黑山、波黑、阿尔巴尼亚等国家有直接投资，但这些国家对我国并未有直接投资。

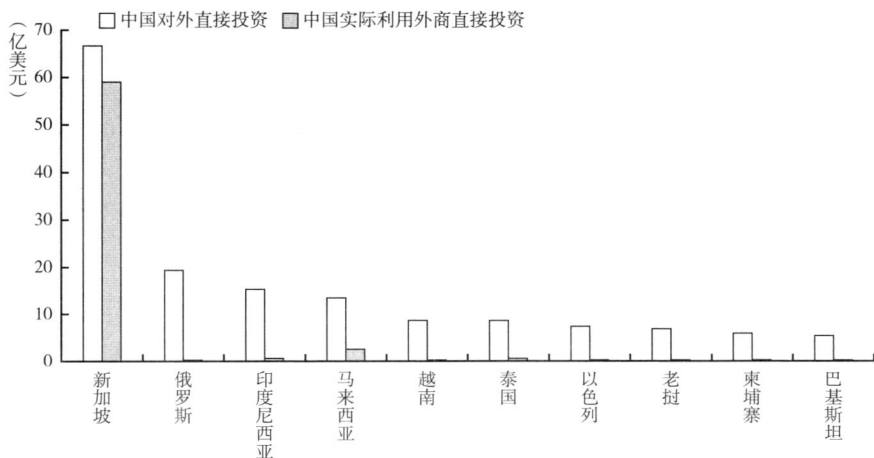

图 4 - 28 2015～2017 年中国对外直接投资 3 年年均流量前十的国家

从双边贸易看，越南、马来西亚、俄罗斯、印度、泰国、新加坡、印度尼西亚、沙特阿拉伯、菲律宾、阿联酋是我国的前十大"一带一路"贸易伙伴国（见图 4 - 29）。其中，2018 年，我国与越南的双边贸易额达1478.58 亿美元，与不丹、巴勒斯坦、东帝汶等国家的双边贸易额较少，2018 年分别为 0.13 亿美元、0.74 亿美元、1.36 亿美元。我国与"一带一路"国家间的双边贸易规模差距巨大，与越南的双边贸易额是与不丹的约11514 倍。从区域看，我国与东南亚 11 国双边贸易规模占与"一带一路"64 个国家的比例接近 50%，而与中东欧 19 国贸易规模占比还不及 10%（见图 4 - 30）。

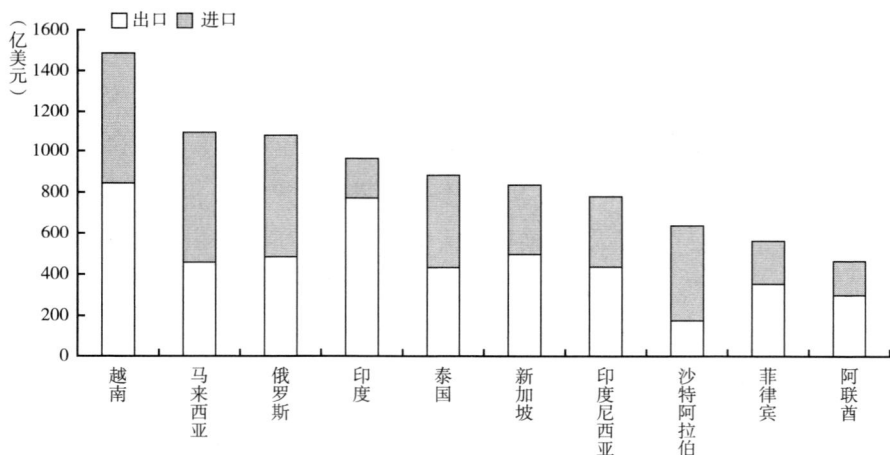

图 4 - 29 2018 年我国与"一带一路"国家双边贸易额排名前十的国家

（三）我国与东南亚国家文化交流较为频繁，与西亚北非国家交流有待加强

东南亚国家对华友好度较高，平均分最高。具体从友好城市关系（简称友城）、旅游、留学、华人华侨、会议活动等方面的文化交流看，截至2019 年 3 月 31 日，我国与 54 个"一带一路"国家的省州及城市缔结友好城市关系共计 791 对，其中与俄罗斯、泰国、越南、匈牙利、波兰缔结友城数量较多，与西亚北非国家缔结友城数量较少（见图 4 - 31）。在旅游方面，中国社会科学院旅游研究中心发布的《旅游绿皮书：2018～2019 年中国旅

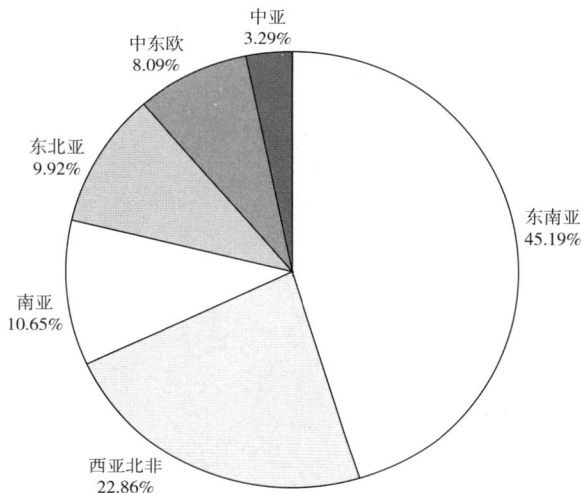

图 4 – 30　2018 年我国与"一带一路"国家各区域贸易规模占比

游发展分析与预测》报告指出，"一带一路"沿线国家赴中国游客由 2013 年的 903 万人次增长到 2017 年的 1064 万人次；中国出境到"一带一路"沿线国家的游客由 2013 年的 1549 万人次增长到 2017 年的 2741 万人次。在留学方面，据统计，中国与 24 个"一带一路"国家签订了学历学位互认协议，2017 年"一带一路"沿线国家留学生 31.72 万人，占总人数的64.85%，增幅达 11.58%，高于各国平均增速，其中泰国、巴基斯坦、印度、俄罗斯、印度尼西亚是前 5 位生源国。在华人华侨方面，东南亚地区特别是印度尼西亚、泰国、马来西亚、新加坡、菲律宾、缅甸等国家华人华侨人数最多，均超过 200 万，华人华侨在"一带一路"建设中正发挥着重要的桥梁和纽带作用，部分西亚北非、中东欧国家华人华侨人数极少，多为外派工作人员，对中国文化了解较少。在举办交流活动方面，我国也积极与"一带一路"国家举办论坛、博览会、旅游节等丰富多彩的交流活动，俄罗斯、马来西亚、巴基斯坦与我国的文化交流活动相对较多。此外，我国在 52 个"一带一路"国家设立了孔子学院及孔子课堂，其中在泰国、吉尔吉斯斯坦、俄罗斯设立数量最多（见图 4 – 32），有利于传播中国文化，促进文化交流。

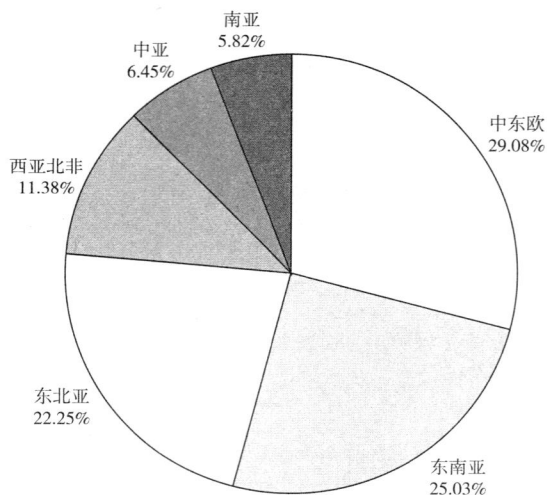

图 4 - 31 截至 2019 年 3 月 31 日各区域友城数量占比

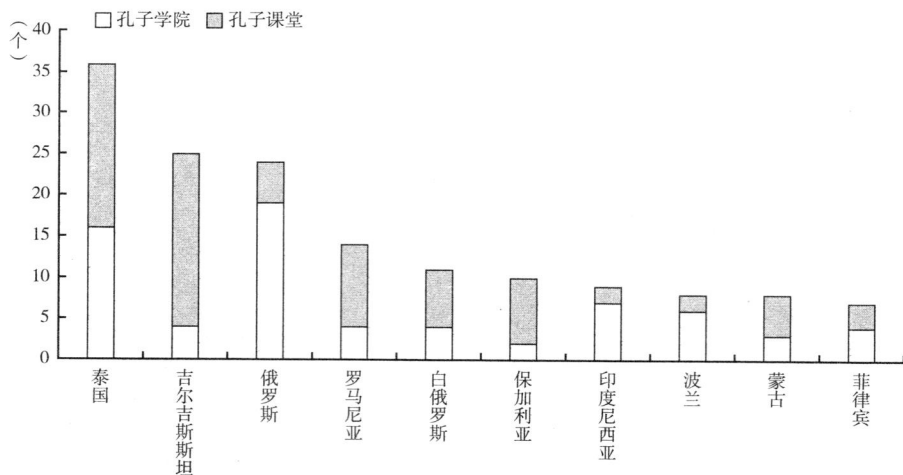

图 4 - 32 截至 2018 年 12 月 31 日 "一带一路" 沿线范围内孔子学院和
孔子课堂合计数量排名前十国家

第五章
"一带一路"国际合作风险识别与预警

——以巴基斯坦为例

近年来，中巴关系持续深入发展，经贸合作取得丰硕成果。作为"一带一路"建设的旗舰项目和样板工程，中巴经济走廊建设 5 年多来，取得重大积极进展。早期收获的 22 个项目极大改善了巴基斯坦交通基础设施和电力供应，给巴创造了数万个就业机会，正在为巴基斯坦经济社会发展和人民福祉做出越来越重要的贡献。但在具体项目推进过程中仍不可忽视来自巴基斯坦本国内部和外部的相关风险。评估结果显示，巴基斯坦的风险级别为 CCC，属于较高风险国家。本章重点从政治风险、经济风险、营商环境风险和对华关系风险四个方面，对巴基斯坦进行分析。

第一节　政治风险

一　恐怖袭击威胁

澳大利亚智库经济与和平研究所（IEP）发布的《全球恐怖主义指数报告（2018）》[1] 显示，巴基斯坦是全球受恐怖主义影响最大的国家之一，2017年遭受恐怖袭击的死亡人数占全球比例达 5%，排第 6 名（见图 5 - 1）。另据

---

[1] 《全球恐怖主义指数报告（2018）》（*The Global Terrorism Index for 2018*）由澳大利亚智库经济与和平研究所（Institute for Economics and Peace）在 2018 年 12 月 12 日发布，参见 http://visionofhumanity.org/app/uploads/2018/12/Global - Terrorism - Index - 2018 - 1. pdf。

世界经济论坛（WEF）发布的《2017～2018年全球竞争力报告》①，巴基斯坦在"有组织犯罪"指标上的得分位列全球137个经济体中的第127名，其社会安全状况堪忧。

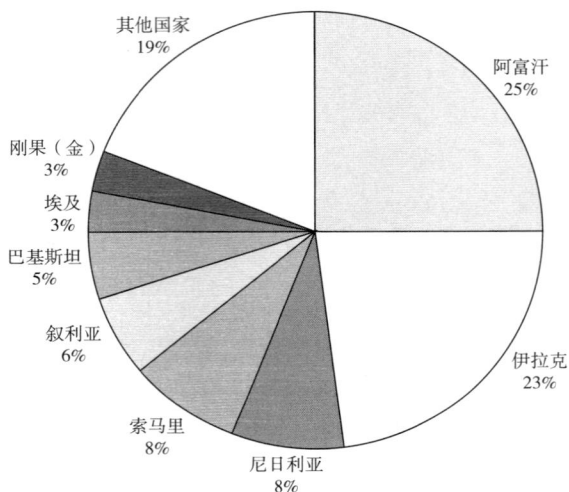

图5-1 2017年全球恐怖袭击死亡人数国别分布情况

资料来源：《全球恐怖主义指数报告（2018）》。

中巴合作项目均途经恐怖袭击高发地区。2015～2017年，巴国联邦直辖部落区、俾路支省、信德省、开伯尔—普赫图赫瓦省、旁遮普省均为恐怖袭击重灾区（见图5-2）。目前中巴经济走廊在建和拟建项目主要分布在信德省、旁遮普省、俾路支省。从巴基斯坦国内各区域项目分布和恐怖袭击危害等级②看，中巴经济走廊项目途经地区均为恐怖袭击高危地区，其中俾路支省和信德省的项目较多，且遭受恐怖袭击威胁程度较大（见图5-3）。

---

① 《2017～2018年全球竞争力报告》（*The Global Competitiveness Report 2017-2018*）由世界经济论坛（World Economic Forum）在2017年9月27日发布，参见 https://www.weforum.org/reports/the-global-competitiveness-report-2017-2018。

② 恐怖袭击危害等级以2015～2017年恐怖袭击死亡人数作为衡量指标，死亡人数越多，恐怖袭击危害等级越高。

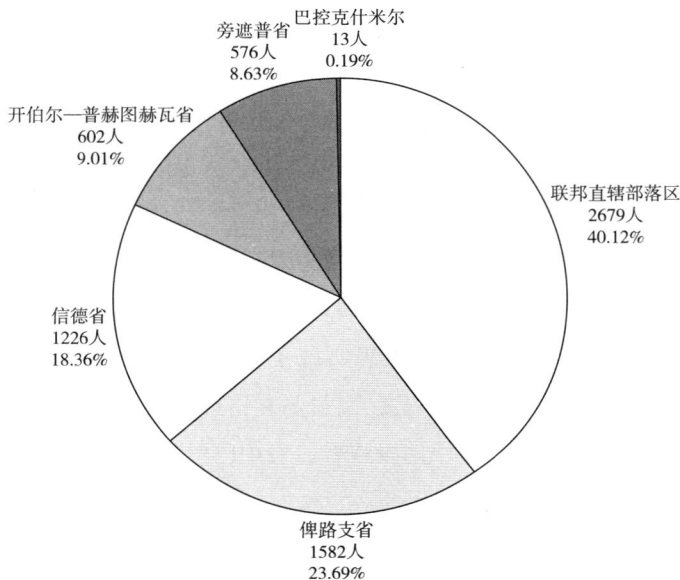

图 5 - 2　2015 ~ 2017 年巴基斯坦国内各地区恐怖袭击死亡人数及占比

资料来源：南亚恐怖主义门户网站（SATP）数据库。

图 5 - 3　巴各地区中巴经济走廊项目金额及恐怖袭击危害等级分布示意

巴国恐怖组织盘根错节，俾路支省恐怖组织对中巴经济走廊威胁最大。巴基斯坦国内恐怖势力错综复杂，既有本土滋生的恐怖组织如俾路支分离主义武装组织等，同时因为地缘因素也饱受外部恐怖势力的渗透滋扰，如阿富汗塔利班、"伊斯兰国"、东突组织、"基地"组织等，多个恐怖组织长期盘踞在巴基斯坦各个区域（见表 5 - 1），且境内外各势力间联系密切，相互勾结。其中，俾路支省恐怖组织对中巴经济走廊建设敌意最大，近两年来绝大多数针对中国的恐袭事件发生在俾路支省，特别是俾路支解放阵线最为活跃（见图 5 - 4）。2017 年 7 ～ 12 月该组织实施了 160 余次恐怖袭击，以巴军方、巴工程部队和中巴经济走廊在建工程为主要袭击目标，希望通过袭击军警和打击经济开发项目的方式赶走中国投资者，对中巴经济走廊造成了严重影响。

表 5 - 1   巴基斯坦主要恐怖主义势力及其主要活动区域

恐怖组织	主要活动区域
俾路支解放阵线	俾路支省
俾路支解放军	俾路支省
信德得什自由军团	信德省
"自由者大会"	开伯尔—普赫图赫瓦省
巴基斯坦先知之友	旁遮普省、信德省、联邦直辖部落地区
坚格维军	旁遮普省、信德省、联邦直辖部落地区
虔诚军	巴控克什米尔地区
穆罕默德军	巴控克什米尔地区
奎达舒拉塔利班	俾路支省
巴基斯坦塔利班运动	联邦直辖部落地区
哈卡尼网络组织	联邦直辖部落地区
"基地"组织	信德省、俾路支省
"伊斯兰国"	旁遮普省、信德省以及伊斯兰堡

资料来源：根据新闻报道整理。

二 外部势力掣肘

受地缘政治影响，中巴经济走廊长期遭到个别国家的干扰和质疑。互联网大数据分析显示，全球媒体和网民中，印度媒体和网民最为关注中巴合作动向（见图 5 - 5），且对中巴经济走廊建设消极情绪占比最高（见图 5 - 6）。

中国在俾路支省恰吉地区的山达克铜矿项目遭到当地激进分子的攻击。 — 2015年3月

俾路支省瓜达尔市东北方向约50公里，Lal azar地区北部，某中资企业勘探队遭遇8名俾路支解放军（BLA）武装人员袭击，两名巴方安保人员被当场射杀。 — 2016年5月 — 信德省卡拉奇市发生爆炸袭击，一辆搭载中国工程师的面包车被击中，一个自称"信德得什自由军团"的组织宣称对此次爆炸事件负责，并叫嚣"我们将反对一切反信德的项目，包括中巴经济走廊"。

2016年11月

瓜达尔港正式营运前夜，同位于俾路支县穆斯林神庙夏努拉尼庙发生爆炸事件，造成52人死亡，逾100人受伤。巴基斯坦有官员指出，袭击是为了损害中国在西南部及其他地区的投资项目。 — 2017年5月 — 在俾路支省瓜达尔港的外围发生恐袭，当天12人遇难，其中包括2名武装保安，12人都是巴基斯坦籍的中国港务工人。

在俾路支省瓜达尔港口范围，2名巴基斯坦籍中国工人被枪杀。

5月24日，在俾路支省，两名中国人遭遇持枪武装分子绑架，后巴基斯坦外交部证实两人于2017年6月在俾路支省被杀害。

俾路支解放阵线针对中巴经济走廊项目发起了8次恐怖袭击。 — 2017年10月

2017年11月 — 俾路支解放阵线宣称袭击了巴基斯坦边防建设集团FWO在中巴经济走廊的项目。

俾路支解放阵线宣称袭击并摧毁瓜达尔附近的一座中资移动通信公司的信号塔。 — 2017年12月

2018年1月 — 俾路支解放阵线武装分子对瓜达尔港务局大楼（GPA）、Houshap军营、Saheji军方人员发动系列偷袭，造成人员伤亡与基础设施损坏。

在信德省卡拉奇市，中远海运集驻巴基斯坦员工遭枪手袭击遇难。 — 2018年2月

2018年8月 — 一支载有中国公民的车队在巴基斯坦西南俾路支省达尔本丁地区突然遭遇自杀式炸弹袭击，导致3名中国人和当地安保人员受伤。

在信德省卡拉奇市，俾路支解放军恐怖分子袭击中国驻卡拉奇总领事馆。 — 2018年11月

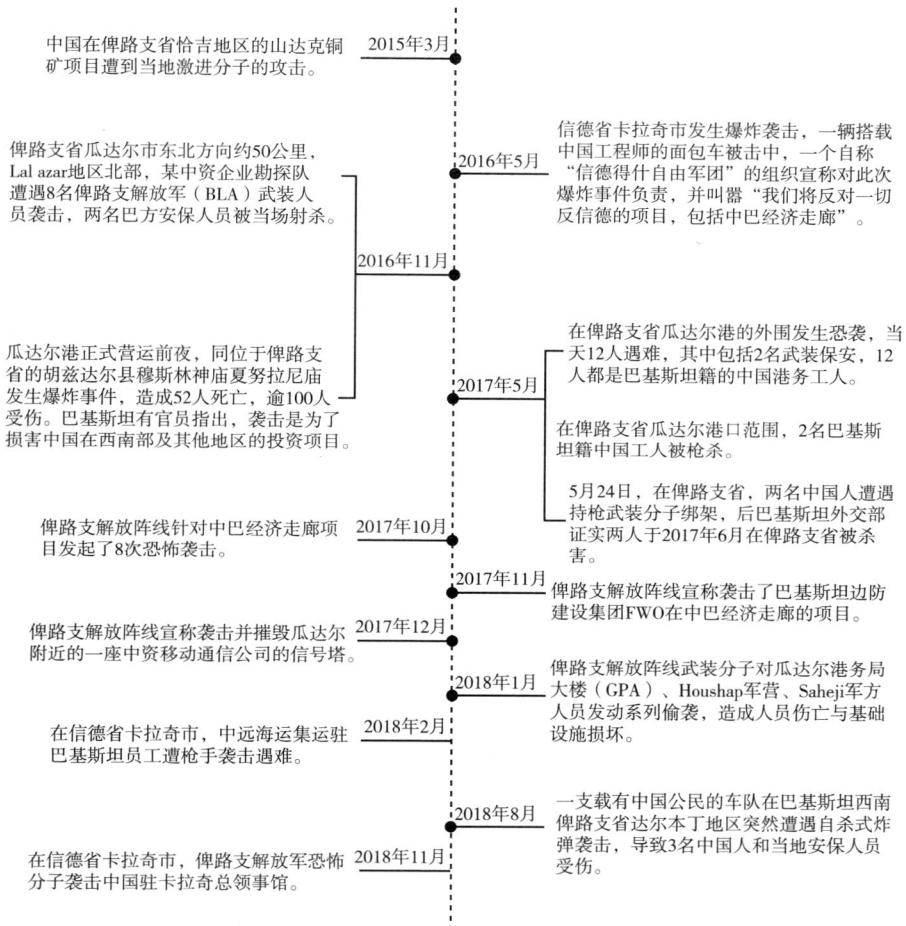

图 5 - 4 2015 ~ 2018 年针对巴基斯坦中方企业和人员的主要恐怖袭击事件

资料来源：根据新闻报道的恐怖袭击事件整理。

印度主要因中巴经济走廊经过印巴有争议的巴控克什米尔地区，进而反对中巴经济走廊建设。主要表现在：一是加紧布局以印度为主导的区域合作战略，2017 年 5 月印度联合日本推出"亚洲—非洲增长走廊"（又称"自由走廊"）计划，将在非洲、伊朗、斯里兰卡和东南亚国家兴建多个基础建设项目；与阿富汗、伊朗签署《恰巴哈尔港合作协议》，印度政府承诺投资 5 亿美元开发恰巴哈尔港，2017 年 12 月 3 日，距离瓜达尔港仅 75 公里的恰

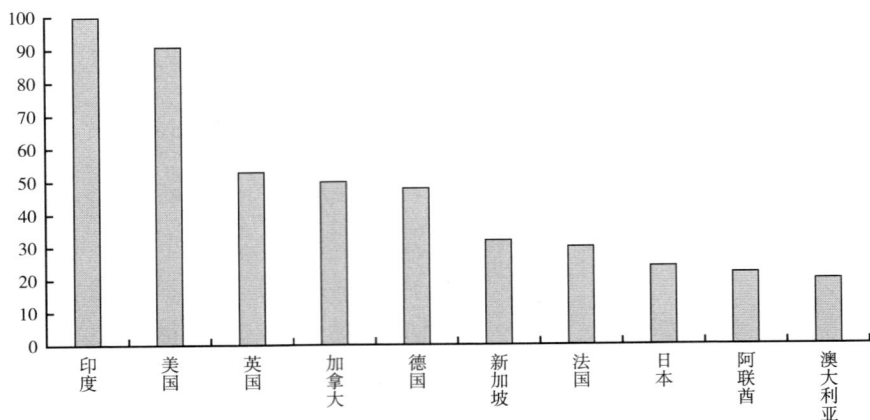

图 5－5　对中巴经济走廊最为关注的前十名国家

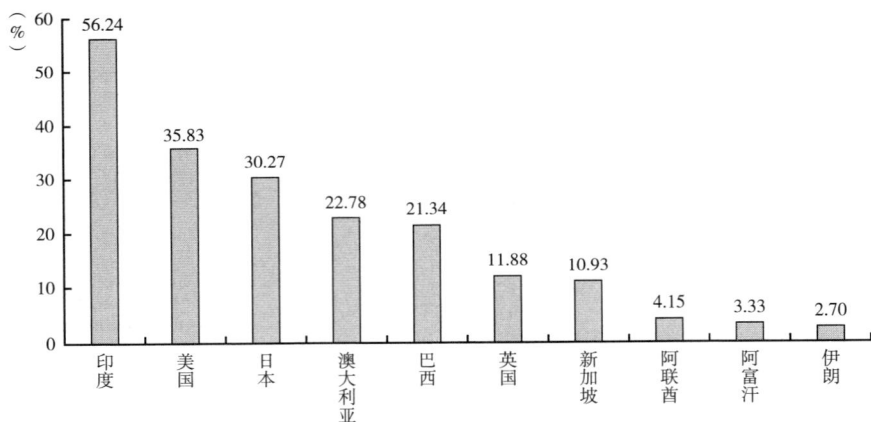

图 5－6　对中巴经济走廊建设消极情绪占比较高的前十名国家

巴哈尔港一期落成，印度《经济时报》称该港口为印度绕过巴基斯坦联通阿富汗和中亚打开一条新战略通道。二是暗中干涉巴国事务，巴基斯坦外交部部长沙阿·马哈茂德·库雷希曾称，"伊斯兰堡有充足的证据证明印度干涉巴基斯坦部落地区和俾路支省的事务。"也有媒体报道称，印度已在阿富汗边境地区秘密建造了9处训练营地，为俾路支解放军提供军事培训；巴方此前逮捕的印度"间谍"贾达夫被证实曾为巴国内恐怖组织输送人员、武器、资金，制造动乱分裂巴基斯坦。2018 年 2 月 8 日巴基斯坦内政部长阿赫桑·伊克巴尔（Ahsan Iqbal）暗示称在卡拉奇遇害的中国公民与印度间谍有关，意图破坏中巴经济走廊。

此外，中巴合作也面临域外大国的施压。一是美国对巴基斯坦不断施压。2017 年 10 月，美国防长马蒂斯发表 "中巴经济走廊穿过争议地区" 的言论；2018 年 1 月 4 日，美国国务院新闻发言人表示，美国将暂停大部分对巴基斯坦的军事援助，理由是巴基斯坦反恐不力；2018 年 7 月 30 日，美国国务卿蓬佩奥警告国际货币基金组织（IMF），防止巴基斯坦用援助金偿还中国债务。二是日本加紧对瓜达尔港周边亚洲港口的争夺。针对中国助巴基斯坦开发瓜达尔港，日本也加快了在东南亚、南亚等地收购港口的步伐，如积极争取获得缅甸仰光蒂拉瓦港的运营权、与中国争相收购柬埔寨西哈努克港股份；同时日本还积极联合印度共建港口，将加入印度在伊朗重要战略港口恰巴哈尔港的扩建以及毗邻经济特区的开发计划，两国有意加入战略要地斯里兰卡亭可马里港的扩建项目，还可能共同开发位于泰缅边界的达维深海港。

三 政府控制力有限

历史上，巴基斯坦曾多次因军权干政、党派斗争而引发激烈政治风波和动荡。据不完全统计，自巴基斯坦 1947 年建国至今，历任的总统和总理中，多位总统因遭遇军事政变、涉嫌谋杀、贪污等非正常原因下台，至今没有总理完成 5 年任期。军方领导人于 1958～1971 年、1977～1988 年和 1999～2007 年三度掌握国家政权。2018 年 8 月 17 日，巴基斯坦正义运动党主席伊姆兰·汗当选新一届政府总理，近 30 年来巴基斯坦民选政府由人民党和谢派轮流执政的格局被打破。

然而，当前联邦政府对地区省份的控制力仍有限。巴基斯坦境内地方主义势力过于强大，各省份的国家认同感较弱，各地政府基于自身发展利益竞争激烈。例如围绕中巴经济走廊路线爆发的 "东西线之争"（见图 5-7、图 5-8），各地与联邦政府就中巴经济走廊项目的布局、管理权、收益分配等问题讨价还价，通过激烈抗议和打击经济开发项目等方式阻碍规划项目的落地。

其中，俾路支分离主义势力与联邦政府间的分歧和对抗严重扰乱中国在该地区项目的投资，俾路支恐怖组织制造恐袭事件进一步恶化了中巴合作环境。

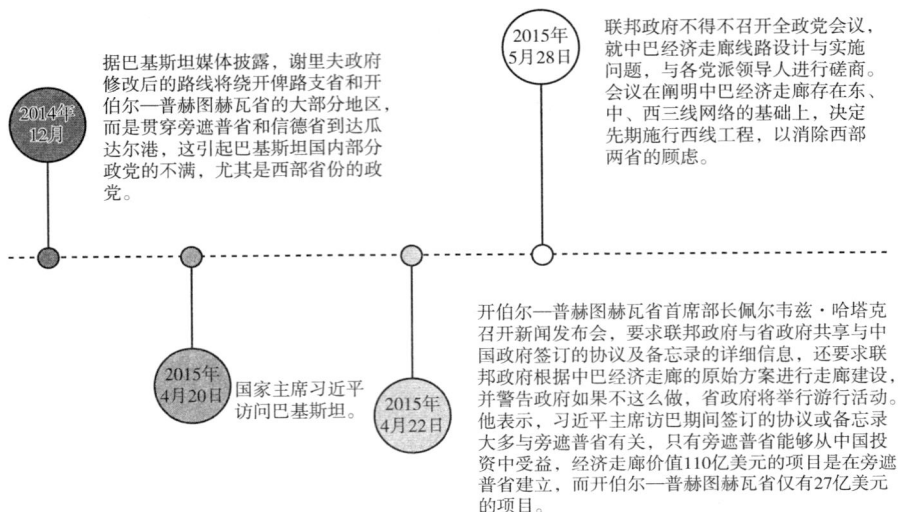

据巴基斯坦媒体披露，谢里夫政府修改后的路线将绕开俾路支省和开伯尔—普赫图赫瓦省的大部分地区，而是贯穿旁遮普省和信德省到达瓜达尔港，这引起巴基斯坦国内部分党的不满，尤其是西部省份的政党。

2014年12月

2015年4月20日 国家主席习近平访问巴基斯坦。

2015年4月22日

开伯尔—普赫图赫瓦省首席部长佩尔韦兹·哈塔克召开新闻发布会，要求联邦政府与省政府共享与中国政府签订的协议及备忘录的详细信息，还要求联邦政府根据中巴经济走廊的原始方案进行走廊建设，并警告政府如果不这么做，省政府将举行游行活动。他表示，习近平主席访巴期间签订的协议或备忘录大多与旁遮普省有关，只有旁遮普省能够从中国投资中受益，经济走廊价值110亿美元的项目是在旁遮普省建立，而开伯尔—普赫图赫瓦省仅有27亿美元的项目。

2015年5月28日 联邦政府不得不召开全政党会议，就中巴经济走廊线路设计与实施问题，与各党派领导人进行磋商。会议在阐明中巴经济走廊存在东、中、西三线网络的基础上，决定先期施行西线工程，以消除西部两省的顾虑。

图 5-7 关于中巴经济走廊路线的 "东西线之争"

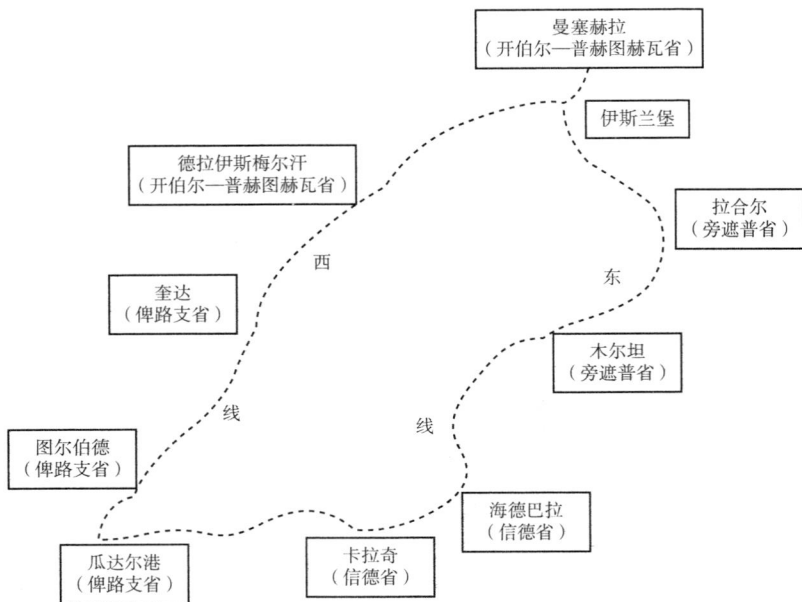

曼塞赫拉（开伯尔—普赫图赫瓦省）

伊斯兰堡

德拉伊斯梅尔汗（开伯尔—普赫图赫瓦省）

拉合尔（旁遮普省）

西

东

奎达（俾路支省）

木尔坦（旁遮普省）

线

线

图尔伯德（俾路支省）

海德巴拉（信德省）

瓜达尔港（俾路支省）

卡拉奇（信德省）

图 5-8 巴基斯坦关于中巴经济走廊的东西线方案

第二节 经济风险

一 财政赤字与公共债务负担

2014～2018财年，巴基斯坦的财政赤字率持续保持在5%左右，远高于3%的国际警戒线。据初步测算，2017～2018财年巴财政赤字将达创纪录的2.4万亿卢比，约占GDP的7%（见图5-9）。截至2018年6月财年末，巴总体债务水平达28.4万亿卢比，占GDP的82.6%。① 外债水平及偿债成本也逐渐上升，截至2018年6月底，巴对外公共债务总额为753.5亿美元，偿债成本为56.2亿美元。

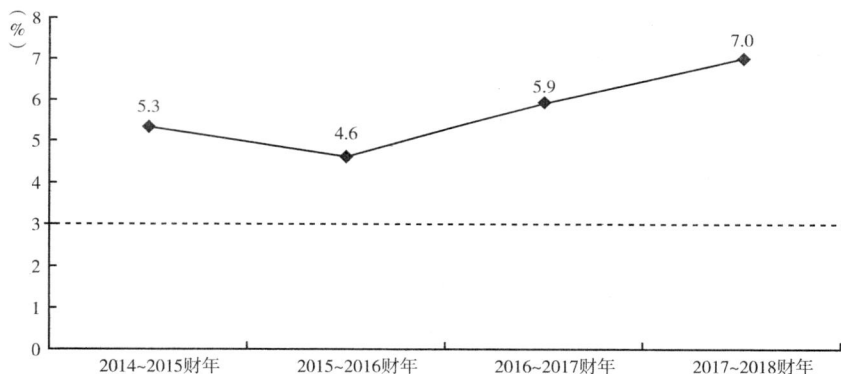

图5-9 近四财年巴基斯坦财政赤字率

资料来源：商务部。

二 贸易逆差与经常账户赤字

贸易逆差继续扩大，2017～2018财年巴基斯坦的货物出口额为247.7亿美元，同比增长12.6%，但货物进口增速也较快，达558亿美元，贸易

---

① http://www.mofcom.gov.cn/article/i/dxfw/cj/201808/20180802780117.shtml.

逆差继续扩大至 310 亿美元，仍未有明显改善。2017～2018 财年经常账户赤字达 180 亿美元，同比增加 44.7%（见图 5－10）。同时，由于巴侨汇增长乏力，当前外汇储备仅能勉强维持 100 亿美元左右的水平，国际收支问题成为巴短期最大的风险和挑战。

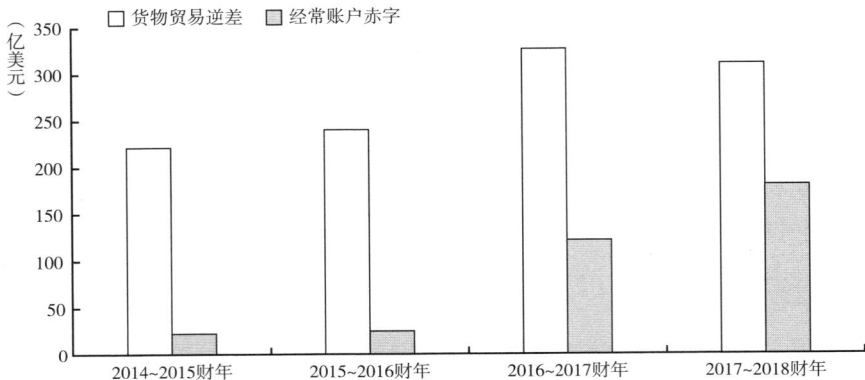

图 5－10 近四财年巴基斯坦国际收支情况

资料来源：商务部。

第三节 营商环境风险

一 行政效率与腐败问题

巴基斯坦商业经营审批手续烦琐、政府办事效率低且不透明，将增加投资企业的额外成本，不利于投资建设项目的及时落地与经营开展。世界银行 2019 年营商环境指数的测算结果显示，在开办企业、办理施工许可和获得电力、登记财产四个方面，巴基斯坦在全球 190 个经济体中的排名分别是第 130 名、166 名、167 名、161 名（见表 5－2）。世界经济论坛（WEF）发布的《2017～2018 年全球竞争力报告》显示，巴基斯坦解决纠纷的法律效率指标排名 62 位，法律执行效率也较低。

表 5 - 2 巴基斯坦行政效率情况

维度	指标	巴基斯坦	南亚	经合组织
开办企业	程序（个）	10	7.7	4.9
	时间（天）	16.5	13.8	9.3
办理施工许可	程序（个）	18.7	15.2	12.7
	时间（天）	262.8	165.5	153.1
获得电力	程序（个）	5.4	5.4	4.5
	时间（天）	161.2	98.3	77.2
登记财产	程序（个）	7.3	6.8	4.7
	时间（天）	144.1	114.1	20.1

资料来源：世界银行 2019 年营商环境指数。

另据世界正义工程发布的世界法治指数 2019[①] 测算结果，2018 年巴基斯坦的"腐败"指标得分在全球 126 个国家或地区中排第 112 名；世界银行发布的全球治理指数[②]测算结果显示，2012～2017 年巴基斯坦的"腐败控制"指标百分比排名在 14～23（最高为 100）（见表 5 - 3）；《2017～2018 年全球竞争力报告》显示，巴基斯坦"不正当费用和贿赂"指标在全球 137 个经济体中排第 102 名，腐败程度较为严重。

表 5 - 3 2012～2017 年全球治理指数"腐败控制"维度巴基斯坦的百分比排名

年份	百分比排名	年份	百分比排名
2012	14.22	2015	21.63
2013	17.54	2016	17.31
2014	22.12	2017	22.60

---

① 世界法治指数（Rule of Law Index）2019 由世界正义工程组织（World Justice Project）在 2019 年 2 月发布，参见 https：//worldjusticeproject. org/our - work/research - and - data/ wjp - rule - law - index - 2019。

② 全球治理指数（The Worldwide Governance Indicators）最新版是由世界银行（World Bank）在 2018 年 9 月 21 日发布，参见 http：//info. worldbank. org/governance/wgi/index. aspx# home。

二 税收制度与政策

受政权更迭、政府控制能力较差等影响，从 2000 年启动的巴基斯坦税务体系改革进展缓慢，仍存在监管执行不力、缺乏透明度等诸多问题，2017～2018 财年，巴联邦税务局（FBR）纳税 3.75 万亿卢比，同比增长11.4%，但仍未到达 3.93 万亿卢比的预定目标。巴国政府外债从 2017 年开始陆续进入偿还期，为了减少财政赤字和应对债务增长，巴基斯坦压缩公共部门发展项目支出及大幅征缴预扣税、提高关税税率和加征调节关税。巴基斯坦政府对"中巴经济走廊"项目尤其是瓜达尔自贸区入驻公司及公路建设承建公司等出台了较多优惠税收政策，中国企业在项目投资和运行中需要密切关注相关税收政策的变化，以便及时做出调整，尽可能规避风险。

第四节　对华关系风险

近期，巴国内媒体和网民对中巴经济走廊开始存在负面声音，消极情绪上升明显（见图 5 - 11 和图 5 - 12），直接影响中资项目的正常建设。负面观点主要集中在四个方面。

一是担心巴基斯坦债务压力过重。一方面，认为巴基斯坦政府为获得中国的资金支持给予中国较大幅度的税收优惠，加重政府的财政预算支出；另一方面，认为中巴经济走廊项目融资与执行政策信息不透明，可能存在以主权换资金的嫌疑。

二是出现"真正受益国是中国""资源掠夺论""意欲控制巴基斯坦"等负面言论。巴国内有观点认为中巴经济走廊是专门为中国设计的，巴基斯坦获取的任何好处纯属意外，中国借走廊项目的投资与开发掠夺巴基斯坦的自然资源，一旦得到充分执行，将极大地削弱巴基斯坦对自己土地和资源的拥有权，更有人以新殖民主义做比喻。

三是认为拥有项目承包权的中国企业可能会对当地企业产生挤出效应。巴媒指责中巴经济走廊的相关项目没有公开招标，担心中国企业承揽绝大部

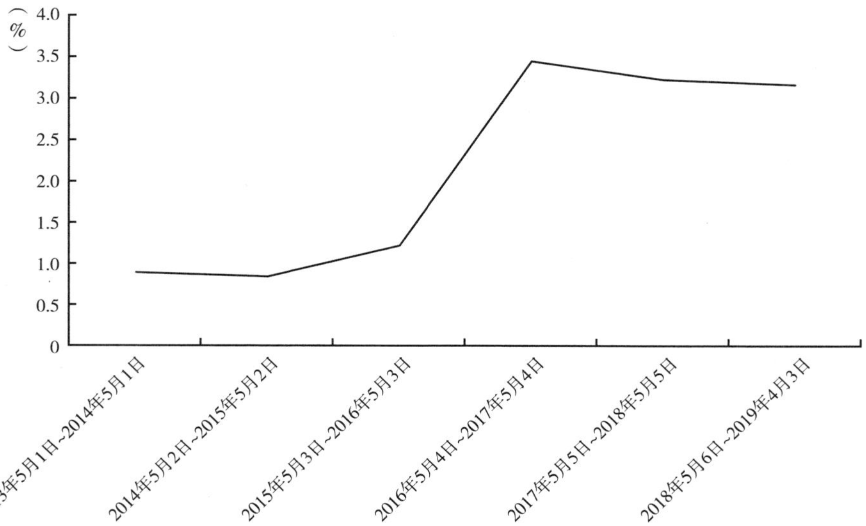

图 5 – 11　2013 年至今巴基斯坦媒体和网民对中巴经济走廊的消极情绪占比变化情况

资料来源：基于 2013～2018 年巴基斯坦主要新闻媒体、社交媒体等渠道中与中巴经济走廊话题直接相关的互联网数据。

图 5 – 12　巴基斯坦国内负面舆论讨论热词词云图

分的项目，大部分投资以采购中国设备、材料和雇用中国人力等方式回流到中国，长期发展将进一步扩大巴基斯坦的国际收支逆差，同时削弱当地工业生产能力。

四是认为中国企业对瓜达尔港的建设破坏当地就业及生活环境。巴公众认为中国建设者忽略了当地居民的生活保障，瓜达尔港的建设破坏了渔猎环境，可能造成渔民举家迁移，外来技术工人的增加会导致当地教育、技术水平较低的居民失业，瓜达尔港乃至整个俾路支省的人口结构可能都会改变。此外，巴政府为保障中国对瓜达尔港建设而采取的安全措施引起公众反感，政府要求出行须携带证明身份的证件并禁止出海，当地居民认为自己被当作恐怖分子对待。

第五节　预警建议

为有效规避上述中巴合作过程中的有关风险，我们建议政府层面重点做好如下保障工作。

第一，继续保持中巴高层良好的沟通交流，深化战略合作。充分利用领导人年度会晤、外长互访、战略对话等磋商机制，加强两国战略的沟通与协调，将高度的政治互信转化为两国务实合作的成果，确保中巴经济走廊顺利推进；尽快落实《中巴经济走廊远景规划》已定项目的落地建设方案，解决走廊建设的规划、项目、资金等具体问题，促进中国 "一带一路" 与巴基斯坦 "亚洲之虎梦" 的发展目标紧密结合。

第二，与巴各地区增进友好关系，营造良好建设环境。在与现政府保持良好关系的同时，兼顾与在野各政党维持适当关系，加强政府、党派在决策、行政、管理等方面的经验交流；与各省地方政府尤其是不发达地区的传统阶层和地方力量进行适当的接触和沟通，推动巴基斯坦境内区域均衡发展，确保中巴经济走廊获得俾路支省和开伯尔—普赫图赫瓦省政府以及大多数党派和民众的支持。

第三，加强与巴基斯坦等相关国家的防务与安全合作，保障项目建设安全。继续保持中巴两军防务安全磋商机制，加强在打击恐怖主义、人员培训、联合训练、装备技术、院校交流等领域合作，推动联合反恐、联合军演、联合巡航等安全合作，对相关项目建设采取军队、警察、安保等多层次保护措施，及时防范与瓦解恐怖分子的破坏行动；建立健全与中亚、南亚、中东等国家或地区反恐联动处置和交流培训机制，通过军事、情报、执法等方面合作，改善经济走廊建设的安全环境。

第四，建立风险管控机制，充分做好应急预案准备。构建双边风险信息共享、预防措施互认的管控模式，定时发布巴基斯坦的风险事件与安全形势，针对将要发生或已经发生的危机事件，利用领事保护条约与外交渠道进行沟通协调；调动中巴两国高校、智库、风险咨询公司等主体对中巴经济走廊相关的利益团体立场及其行为模式进行深入的调查研究，对中巴经济走廊重点相关项目可能面临的风险进行梳理，构建风险监测预警及应急管理体系，为企业提供风险预警与防范方案。

第五，强化舆论引导，夯实中巴友好的社会基础。联合巴基斯坦相关政府部门及时、全面向公众详细通报经济走廊建设相关项目的财务核算、建设进展等情况，以达到增信释疑的作用；建立中巴媒体常态交流机制，扩大中方媒体与巴中央及地方官方媒体、私营媒体的交流，正确引导关于中巴经济走廊的媒体传播；指导进入巴基斯坦的中国企业与公民学习和尊重当地的风土人情、宗教信仰、生活习俗等，照顾与尊重当地少数群体及弱势群体权益，推动建设项目促进当地经济的发展及提高民众生活质量。

第六章

"一带一路"国际合作风险防范与应对策略

加强对"一带一路"国际合作重大风险的评估与监测预警，确保重大对外投资项目和资金安全，成为推进"一带一路"建设的重要基础性工作。在长期的发展过程中，美国、日本、英国、加拿大、欧盟等在管控国家风险、保护本国企业跨国经营方面积累了丰富和有效的经验，值得我们在构建"一带一路"国际合作风险预警体系时予以借鉴。在吸收借鉴有关国家经验的基础上，我们认为，应从如下五个方面重点推进。

第一节　构建风险防控协调机制

完整的工作机制体制是风险管理的基础，欧美国家在风险管理方面拥有确定的风险管理机构，指定相应的主导机构与其他部门协调配合，全面负责风险管理全流程的工作。国外相关的协调机制主要分为三种。

第一种是以美国、加拿大为代表，直接设立专门机构负责风险管理工作。美国国土安全部在 2008 年专门成立风险管理与分析办公室（RMA），下设风险治理和支持处、风险分析处。[①] 办公室的主要工作包括：提供风险分析、提升合作伙伴的风险管理能力、促进国土安全风险管理的一致性和协调性。加拿大实行综合风险管理制度，其政府风险管理的主要机构是国库委员会之下的财务委员会秘书处（TBS），负责政府风险管理的各项统筹规划工作，具体职责包括沟通和解释风险管理架构、

---

① 　游志斌：《美国联邦政府的国土安全风险管理》，《学习时报》2011 年 2 月 11 日。

评估风险发生的可能性和影响程度、制定风险应对策略、识别风险、报告并管控风险等。①

第二种是以德国为代表，设立指导委员会负责不同职能部门相关风险管理的协调工作。2009 年，德国成立了联邦风险分析与公民保护指导委员会，其成员单位包括内政部、环境部、卫生部、交通部、经济与技术部、劳动和社会事务部等公共安全相关部门，该委员会主要任务包括制定风险分析框架、选择需进行分析的风险、协调各个相关业务机构共同参与风险评估和分析等内容。

第三种是以英国为代表，实行风险分类管理，主要包括组织实施单位、实施支持单位和具体执行业务的部门。组织实施单位负责制定相关政策，总体设计、把握及评估政府风险管理的进程，解决整体存在的实际问题；实施支持单位针对其所属各政府部门的风险管理实施情况进行评估，提供风险管理的建议和研究咨询报告；具体执行业务部门依据相关的风险管理规程进行工作，提供风险建设进度信息、技术和训练支持等。

从以上国家风险防控协调实践来看，无论是哪一种形式的风险管理机制，都强调有一个主导机构或者委员会负责统筹协调推动相关配合部门在某些问题和行动上达成共识，提高应对各种风险的效率。在"一带一路"国际合作风险应对方面，我国也应建立国家层面的"一带一路"风险预警防控协调机制。为进一步加强各有关部门在"一带一路"风险预警防控中的协同，加大安全保障力度，建议在推进"一带一路"建设工作领导小组的指导下，建立"一带一路"风险防控部际联席会议制度，整合有关部门资源，成立"一带一路"国际合作风险管理的指导委员会，主导风险管理各项工作，统筹协调"一带一路"建设中重大风险防控问题。主要职能表现在：协调有关部委、地方和行业集中发力，针对"一带一路"沿线国家的国情特征及中资企业跨国经营经验缺乏的现状，完善信息汇集及数据共享机

---

① 游志斌、杨永斌：《国外政府风险管理制度的顶层设计与启示》，《行政管理改革》2012 年第 5 期。

制，制定风险分析框架，提供风险应对建议和研究咨询服务，及时向国家有关方面报告情况。具体职责包括：联合各驻外经贸机构、商务主管部门、商（协）会、"走出去"企业共同开展境外安全风险预警信息收集、分析、通报，加强对中资企业国际合作面临风险应急处置的指导；联合有关部门共同出台"一带一路"风险识别和管理的年度指南或指导文件等；推动相关风险应急响应办事机构密切合作、协同办公，建立快速响应、分类施策、各司其职、协同联动、稳妥处置的工作机制；联合重点合作国家政府建立常态化的风险预警沟通机制，及时共享可能影响重点项目进展的风险信息。

第二节　开展风险信息汇集与共享

风险管理的难点在于信息不对称与风险突发性之间的矛盾，信息不对称主要存在于中资企业与当地市场之间，企业对当地市场的信息掌握匮乏或理解偏差往往导致投资失败，因此汇聚各类信息与数据，并实现数据共享是应对风险的重要前提。目前，我国尚缺乏权威的对外投资信息咨询服务体系，海外市场和境外投资风险信息缺乏及时性、完整性和权威性，信息反馈交流机制尚未建立。

欧美国家注重数据的汇集和共享，大体分为两种方式。一是建立起比较完善的信息咨询服务，为对外投资的企业提供信息情报。例如，美国通过驻外使馆设立的经济商业情报中心、政府机构特别部门、海外私人投资公司等为企业提供信息咨询服务；[①] 英国主要通过贸工部、贸易投资总署为英资企业的跨国经营提供出口贸易和海外投资的权威信息咨询，并经常在本国和海外举办展览会帮助企业与当地市场建立联系，还有很多投资咨询公司和相关中介机构通过市场调研等方式，为企业提供针对性较强的有效资讯；[②] 法国建立官方与非官方两种咨询机构，通过驻国外使馆商务机构和财政部对外经

---

①　董翠玲：《发达国家政府在对外投资中的积极作用及启示》，《商业时代》2008 年第 4 期。

②　陈俊荣：《欧盟促进企业跨国经营政策研究》，《当代经济管理》2010 年第 4 期。

济关系总司派驻国外的常设机构及各个大区政府外贸局的官方机构，以及法国经济财政部的对外关系总司的外贸中心和各类工商会等半官方机构，帮助企业掌握境外市场和经济政策的信息；德国建立了由官方和民间共同组成的信息咨询网络和技术服务平台，发挥各部门的联合服务效应，借助社会中介力量为跨国公司提供全方位的咨询服务。二是构建风险数据库，提高政府和企业对不同类型风险的感知能力，例如在政治安全风险方面，当前国际上具有一定影响力的数据库主要包括：密歇根大学的战争相关系数数据库（Correlates of War）、乌普萨拉冲突数据项目（Uppsala Conflict Data Program）、武装冲突地点和事件数据（Armed Conflict Location and Event Data，ACLED）、全球恐怖主义数据库（Global Terrorism Database）等，[①] 以美国马里兰大学建立的"全球恐怖主义数据库"为例，其汇集统计了1970年以来全球各国发生恐怖主义事件的相关数据，有助于美国政府了解恐怖主义发展态势或面临恐怖袭击时进行对策分析。

为帮助中资企业应对在"一带一路"沿线国家跨国经营面临的风险，首先，应建立起全方位且权威的信息咨询平台，在商务部与外交部的境外安全风险信息通报制度基础上，充分利用政府各部门的联动效应，联合高校、智库、各商（协）会等机构，汇聚各有关方面掌握的信息，通过专门机构或平台发布风险信息，为企业提供权威、丰富、规范的信息咨询服务。其次，在咨询服务基础上，进一步汇聚数据资源，建立"一带一路"国际合作风险主题数据库（详见第七章）。可由主导部门发起，各部际联席会议成员单位参与，共同启动国家风险数据库的建设工作，依托相关机构的数据基础和技术优势，加强对"一带一路"国家政治、经济、营商环境、对华关系等方面风险数据的实时、深度归集，广泛汇聚线上与线下、国内与国外、官方与民间各类有关数据，在数据库建设层面实现"数据采集—数据加工—数据调取—数据可视化"核心技术点的落地，并做好全生命周期下的

---

① 周亦奇、封帅：《安全风险分析的方法创新与实践——以"一带一路"政治安全风险数据库建设为例》，《国际展望》2017年第5期。

数据安全管理。最后，推动与 "一带一路" 沿线及相关国家实现风险数据的交换共享，对数据库进行分级授权管理，及时把握各类风险动态。

第三节　实施风险预警管理

风险预警管理强调预防理念，需要以一定的信息为基础，并对信息进行分析、推断与转化，最终输出预警信息以及相关对策建议方案。风险预警管理大体分为三步。

一是建立风险管理流程的标准体系。欧美国家大多建立起比较完善的标准体系。1995 年，澳大利亚和新西兰联合制定澳大利亚—新西兰风险管理标准（AS/NZS 4360），主要包括风险识别、分析、评价、处理和监控。[①] 澳大利亚联邦应急管理局据此制定了《突发事件风险管理应用指南》，通过建立突发事件风险管理应用背景、风险级别、风险分析、风险评估、风险处理等规范步骤来加强突发事件的风险管理。此后，英国、加拿大、美国、日本等均出台了本国的风险管理标准，并得到 ISO 国际认可。美国国土安全局提出，风险预警管理的主要内容应包括：建立突发事件的预警组织；建立信息收集、分析、研究的体系和信息监测系统，列出相关信息中可能导致突发事件的因素；确立突发事件发生的指标体系，实施重点监控；建立并完善突发事件预警机制。

二是建立风险分析的技术准备和评估工作。英国、德国、日本等国家都高度重视风险评估的技术支撑，一般是利用风险评估工具建立风险评估矩阵，确定国家风险等级，或者设定风险发生的场景等，促进政府掌握风险信息，提升协同应对能力。英国制定了 "国家风险评估"（NRA）工作规程，绘制了约 80 个危害或威胁的风险矩阵，[②] 并将国家风险评估分为四个风险等级。整个工作分为三个阶段，即确定风险、评估风险及其影响、比对风

---

① 游志斌、杨永斌：《国外政府风险管理制度的顶层设计与启示》，《行政管理改革》2012 年第 5 期。

② 游志斌：《英国政府应急管理体制改革的重点及启示》，《行政管理改革》2010 年第 11 期。

险。在评估的进程中，来自政府部门、公众、民间组织等各方面代表广泛参与其中，建立定期监测机制，充分考虑风险环境的变化，及时完善评估机制。德国政府建立了 21 项参数，结合人、经济、环境、基础设施、非物质等 5 个领域的风险分析表，建立相应的风险分析矩阵，支持政府决策。美国从 2011 年开始应用国家战略风险评估工具进行国家战略风险评估，开发了包括自然灾害、技术事故、反人类行为引发的重特大突发事件等内容的专用风险分析表和工具以识别和确定高风险因素，加深各级政府对国家面临的各种威胁和危害的认识。

三是建立风险预警平台，即划分风险等级，启动不同的风险预警应对方案。加拿大、美国、日本等国家都注意划分风险等级，既能快速处置相关风险状况，又能够节约相关成本，合理使用资源。例如在食品安全领域，美国、加拿大一般是按照高中低风险分档，根据风险档次依次启动有针对性的方案。① 日本的地方财政风险预警平台由指标监测系统、恢复机制和监督机制构成，指标监测系统主要是监测地方政府财政状况，并识别出存在不良财务状况的地方政府，然后将其纳入恢复机制中，直至健康运行。②

国内各部门对风险预警机制制度设计也逐步展开，主要分布在资源环境、对外投资合作、进出口商品、金融风险、出入境检疫等方面（见表 6 - 1）。2010 年，商务部印发《对外投资合作境外安全风险预警和信息通报制度》，明确了境外安全风险的种类，规定了境外安全风险预警和信息通报程序、内容和形式，并对各驻外经商机构、各地商务主管部门和有关商（协）会做好风险预警和信息通报工作提出了具体要求。从各部门印发的各种风险预警制度与规划来看，一般包括以下步骤：收集风险信息并构建完善数据库，设立多部门预警联动机制，实现信息实时共享；分析研判预警信息的分类及影响程度，构建评估指标并进行评估；对风险预警进行分级，根据不同等级设定应对及综合奖惩措施。对于"一带一路"国际合作风险预警与防

---

① 洪颖、卢海荣、宴红、陈梦莹、王轶：《国外风险防控制度的初探和启示》，《财经界》2014 年第 1 期。

② 王峰：《日本地方财政风险管理框架及预警系统研究》，《地方财政研究》2016 年第 10 期。

范而言，在充分吸收国内外已有政策及预警机制的经验基础上，建设 "一带一路" 国际合作风险监测预警管理机制。其主要工作包括：一是制定适合我国国情的风险管理标准体系，理顺我国企业去沿线国家投资活动的风险事件预警管理流程，规范风险识别、分析、评价、处理和监控等步骤的具体方案举措，建立多监测点的协同机制，重点加强风险影响程度较高地区的监测网点布设，实现风险突发监测网络全覆盖。二是分析风险类型，根据其构成要素及威胁程度等综合集成 "一带一路" 国际合作风险预警指标体系，运用云计算、大数据处理及数据融合技术，系统性研发各类风险监测、预警模型和算法，重点加强对波动频繁指标的评估与监控。三是研究建立健全风险预警等级划分标准、预警信息发布机制，完善风险预警发布规则，明确时限、权限、流程、渠道及发布程序，规范预警级别、起始时间、预警范围、警示事项等发布内容，建立 "一带一路" 风险监测预警管理平台。

表 6 - 1　国内各部门出台的风险预警有关政策

序号	政策	发布机构	时间
1	《关于建立资源环境承载能力监测预警长效机制的若干意见》	中共中央办公厅、国务院办公厅	2017 年 9 月
2	《对外投资合作境外安全风险预警和信息通报制度》	商务部	2010 年 8 月
3	《国务院关于完善进出口商品质量安全风险预警和快速反应监管体系切实保护消费者权益的意见》	国务院	2017 年 9 月
4	《国务院办公厅关于加强气象灾害监测预警及信息发布工作的意见》	国务院办公厅	2011 年 7 月
5	《农业部农产品质量安全风险评估实验站管理规范》	农业部	2014 年 1 月
6	《中国银监会关于银行业风险防控工作的指导意见》	中国银监会	2017 年 4 月
7	《地方政府性债务风险应急处置预案》	国务院办公厅	2016 年 10 月
8	《关于当前应对金融危机加强银行业金融机构财务和风险管理的意见》	财政部、银监会	2009 年 5 月
9	《国务院关于加强地方政府性债务管理的意见》	国务院	2014 年 9 月
10	《商业银行风险监管核心指标（试行）》	中国银行业监督管理委员会	2006 年 1 月
11	《商业银行流动性风险管理办法》	中国银行保险监督管理委员会	2018 年 5 月

序号	政策	发布机构	时间
12	《期货公司风险监管指标管理办法》	中国证券监督管理委员会	2013 年 2 月
13	《出入境检验检疫风险预警及快速反应管理规定》	海关总署	2001 年 9 月
14	《卫生检疫风险预警及快速反应管理实施细则》	国家质量监督检验检疫总局	2002 年 3 月
15	《出入境动植物检验检疫风险预警及快速反应管理规定实施细则》	国家质量监督检验检疫总局	2002 年 3 月

第四节　做好风险应急响应

在风险应急响应方面，发达国家已基本建立起比较完善的应急管理组织体系。以美国为例，美国先后出台了《国土安全法》《临时全国准备目标》《后"卡特里娜"应急管理改革法》《全国准备指南》《总统政策第 8 号指令》等法规体系，形成了总统直接领导、联邦应急事务管理总署等核心机构协同运作的危机管理体系，主要措施有美国国家突发事件管理系统（NIMS）及国家应急预案（NRF），其基本特点是统一管理、属地为主、分级响应、标准运行。[①] 美国最高应急管理机构是国土安全局，各州及大型城市的应急管理机构都设有应急运行调度中心，以《减灾和紧急求助法》授权、按照《联邦紧急响应计划》部署开展应急处置工作。日本从灾害预防、灾害应急以及灾后恢复和重建三个方面入手，建立了以首相为核心的全政府应急管理组织体系，建立了气象防灾情报、地区气象观测情报、河流流域情报、道路灾害情报等各种情报系统，形成全方位的灾害情报通信网络体系，并激发公民的自救意识及志愿行动。法国将应急管理划分为事前、事中、事后三个阶段。在出现严重危机事件时，中央政府设立临时部际联席会议，统

---

① 游志斌、薛澜：《美国应急管理体系重构新趋向：全国准备与核心能力》，《国家行政学院学报》2015 年第 3 期。

一领导危机应对工作；在管理责任上，以属地管理为主，分级响应；在能力建设上各自承担，中央配套并统筹调用。我国的应急管理系统以"指挥—控制"模式为主，虽与美国、日本、法国的管理原则相似，2018 年 3 月，我国成立应急管理部，提高国家应急管理能力和水平，提高防灾减灾救灾的能力，但信息管理平台建设还比较缓慢，应急预案宣传和演练工作的实际效果不明显，缺乏撬动民众、非政府救援组织等力量的机制。

"一带一路"国家众多，风险种类多样且突发事件频发，为保障中资企业的收益和人员安全，政府和企业应将风险应急处置设为常态化工作，应在法律体系、统筹协调、信息管理、物资保障等方面加强应急管理。为此建议：一要构建规范性、指导性、支撑性的法律与法规体系，逐步建立起预防与准备、监测与预警、应急处置、恢复与重建等各环节的工作指南体系，树立科学化、规范化、标准化的管理理念；二要完善应急管理职能，在全国统筹协调的基础上，实行属地管理，加强各级政府应急管理部门对发生突发事件企业的救援实权，并在应急管理部门设立应急运行调度中心，调度国内外不同资源加入救援行动，建立不同危机事件的情报系统，形成覆盖全方位的情报通信网络体系，确保在各级政府、各救援机构与企业间通报传送畅通无阻；三要加强应急信息管理平台建设，以国家"一带一路"官网——中国一带一路网融合大数据分析技术及时发布预警信息及应急指导，如涉及与东道国的合作处理，要及时与东道国政府取得联系，协商共同解决，同时建立单个项目企业风险预警通报专线，及时为在"一带一路"沿线国家遭遇风险的中资企业提供信息与救援；四要联合驻外使领馆、中资企业、在外服务机构建立非常规突发事件的预案演练与应对机制，统筹应急设备与物资支撑储备及分配，做好风险事后处置；五要建立国际合作风险应急响应咨询系统，重视对社会的宣传及推广，特别是对"走出去"企业和人员进行定期培训，培养"走出去"企业和人员对东道国相关风险数据和信息的敏感性，重视当地法律法规政策，主动规避风险；六要建立事后补救监督体系，对发现的问题及时进行汇总，归结到风险应对模型和风险数据库中，并建立长效管理机制，避免类似事件发生或为未来可能的风险做好准备。

第五节　调动各方支撑力量

第三方机构是为"走出去"企业提供安全保障服务的各类实体，为落实国家安全保障政策、企业风险防控提供专业服务，是安全保障体系中不可或缺的组成部分，包括风险评级机构、智库院所、私营安保公司、保险机构等。一是鼓励风险评级机构构建"以我为主"的风险评估体系。预先评估沿线各国投资贸易风险，从政治、经济、文化、社会等综合角度来控制和防范风险，为有关企业提供风险资讯服务。二是联合智库院所深入开展沿线国家安全风险研究。充分利用专家优势、团队资源优势，按照"一国一策"的方式，开展沿线国家或地区政治、经济、社会环境的调研及跟踪分析，识别重点国家、重点区域、重点项目的风险源以及诱发因素，全面量化和评估"一带一路"海外投资所面临的各种风险。三是为私营安保公司海外安保服务提供便利。目前已有华信中安、伟之杰、德威等十多家开设海外安保服务的公司，这些安保公司在风险评估、情报支持、后勤支援、现场保护、安全培训、战略咨询与设计、紧急撤退和紧急医疗服务等方面已经开始发挥积极作用，可在市场准入、政策保障等方面加强支持。四是加大保险机构对境外项目的保险服务。当前，中国信保、中国人保、中国太平、平安财险等保险机构都开发了针对"一带一路"的有关保险产品，在保险基础上还提供相关风险咨询服务。保险机构还需进一步完善海外投资保险机制，建立海外投资担保体系，加强与境外保险机构合作，扩大保险规模，增加保险险种，拓展担保范围。

第七章
建立"一带一路"风险大数据支撑体系

构建"一带一路"风险大数据支撑体系，加强对"一带一路"沿线国家相关信息和数据的采集存储与分析挖掘，是有效推进"一带一路"建设走深走实，实现五大领域互联互通的重要基础性工作，对于"一带一路"风险防范和服务企业"走出去"都具有十分重要的意义。

第一节　建设思路

"一带一路"风险大数据支撑体系建设，要以"一带一路"风险大数据开发应用为重点，以支撑领导决策和服务企业及社会需求为导向，以广泛深度归集"一带一路"相关信息并建设国家"一带一路"风险数据库为基础，以打造若干专业化、开放性、机制化大数据风险管理平台为抓手，为国家"一带一路"有关部门提供风险管理决策支持，为参与企业提供实时监测、分析挖掘、风险管理等服务，大幅提升"一带一路"建设的安全保障。其建设重点可概括为：立足一个基础、服务两类需求、打造三个平台、建设一个门户。

一　立足一个基础

数据是"一带一路"风险防范大数据支撑体系的基石。只有获取大量风险信息整合为数据库，才能在此基础上进行大数据处理与分析，从而形成实时有效的风险预警信息和相关结论，为政府和企业及社会提供决策依据。"一带一路"风险防范大数据支撑体系建设的核心，就是要构建涵盖采集、清洗、翻译、整理、入库等全流程、多元化的数据汇聚网络与渠道，广泛汇聚国际经济、政治、文化、互联网舆情以及国内各地区相关信息，着力打造全面系统、深度归集国际与国内涉及"一带一路"建设风险的信息和数据，形成包括"一带一路"沿线国家基本概况、法律法规、规划计划、项目工程、经济产业、投资贸易、科研机构、企业组织、人文交流、社会舆情等信息内容的综合性风险数据库，为风险分析与全面管理奠定数据基础，全面提升风险大数据综合服务能力。

为了尽可能广泛地汇聚"一带一路"相关数据资源，建议采取政府数据与社会数据相结合、国内数据与海外数据相结合、统计数据与非统计数据相结合的思路。

政府数据与社会数据相结合。政府部门在业务执行和社会监管过程中形成的业务数据，具有权威性、延续性、标准化、结构化等特征，而且随着政府信息化的推进，很多业务数据都带有实时性特征，这类数据最能反映政府社会管理和公共服务现状，是制定决策的重要参考。当前，对于新的经济形态和社会问题，政府业务数据无法有效覆盖。包括互联网数据和各类企业数据在内的社会数据弥补了传统政府统计数据和业务数据无法监测和反映的领域，例如，社会舆情、电子商务、共享经济等。对"一带一路"而言，我国政府数据覆盖范围更加有限，社会数据的重要性更加凸显。在挖掘政府的业务数据基础上，采集沿线国家及相关国家的境外舆情数据，可以及时了解海外舆情反映出的风险苗头；通过采购、定制服务企业"走出去"的有关企业数据，可以从贸易业务类的统计数据反映合作现状，结合多源数据及时发现可疑拐点。

国内数据与海外数据相结合。"一带一路"建设需要知己知彼，既需要采集国内政府业务数据、统计数据、互联网数据，还需要采集海外统计数据和互联网数据，后者是重点也是难点。海外数据采集量大面广，跨多国语种，在采集过程中应按照"先易后难、急用先行、分步实施"的方式稳步推进，同时，还需要有配套的数据处理能力。

统计数据与非统计数据相结合。统计数据具有可靠、权威、定量且系统化的特征，是重要的数据资源，但这类数据有三个缺陷：一是多数具有滞后性；二是多数采取抽样方式，样本不全、精度不够；三是很多新兴行业不在统计之列。以互联网数据为主要代表的非统计数据具有实效性强、样本全等特点，并且囊括了很多新兴行业的信息，是对统计数据的有效补充。

二　服务两类需求

在面向政府"一带一路"决策方面，将以"一带一路"风险数据库为基础，对当前"一带一路"沿线国家存在的风险类型、项目情况、国家风险等级等进行深度挖掘分析，为政府有关部门进行"一带一路"风险决策及政策制定提供支撑。在面向企业（及社会）服务方面，围绕市场需求特别是企业"走出去"需求，研发各类风险大数据分析产品和咨询服务，确保为企业"走出去"提供更有效、更精准的风险防范资讯和服务。

三　打造三个平台

一是风险数据（信息）交换平台。优先整合已有信息源渠道和数据采集优势，探索采取交换、委托、众包、购买、定制等多种方式，以及创新建立国家间"一带一路"数据联盟等机制，对不同渠道、领域、行业的数据进行汇聚，实现优势互补，不断充实、拓展和丰富"一带一路"风险数据资源归集体系；二是综合信息管理与服务平台，围绕政府决策部门、各类投资机构和企业经营实体、社会各界等各方面需求，组织研发各类大数据分析产品和服务，形成"一带一路"系列特色风险大数据分析产品；三是大数据风险应用开放合作平台，主要是通过打造生态链，汇聚具有不同特色的机构或企业实行共建、共享、共用，探索建立以风险数据为纽带的"一带一路"开放型合作平台，形成覆盖数据、咨询、金融、法律、语言等多个服务类型，涉及商贸、交通、旅游、文化等多领域生态链的风险防范合作服务体系。

四 建设一个门户

依托"一带一路"风险数据库，建设"一带一路"风险预警大数据综合服务门户，面向政府和社会提供特色化、综合性的"一带一路"信息与服务，打造中国对外风险预警信息和应对建议的权威发布平台，形成中国与沿线国家和相关国家风险信息共享交换的权威沟通渠道。风险信息的汇聚与发布要以"快、全、准"为目标，及时采集和发布"一带一路"最新风险资讯、数据和信息。

第二节 体系架构

为更好实现基础设施、数据、技术、应用、标准规范和管理机制等有效整合和运作，"一带一路"风险大数据支撑体系可采取"四层次、三体系"的基本架构组织相关资源（见图 7-1）。

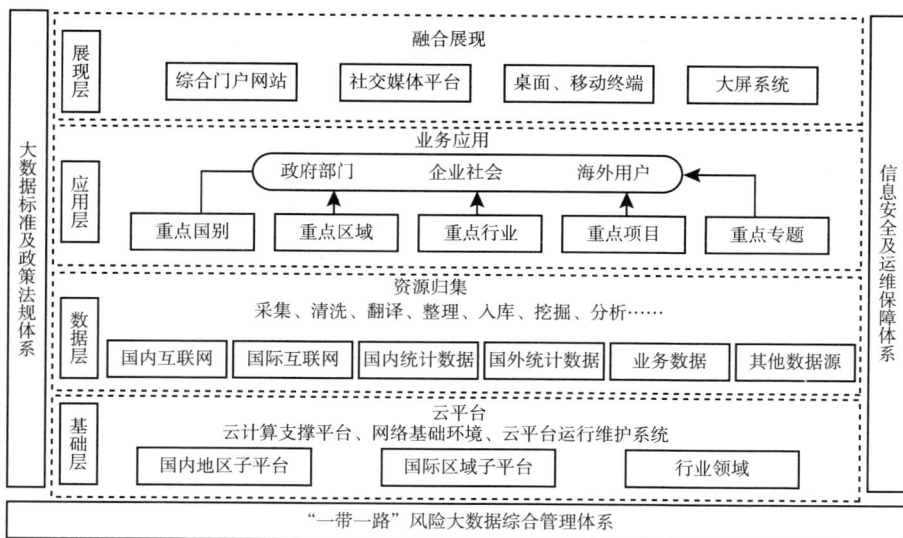

图 7-1 "一带一路"风险大数据支撑体系的架构

一 基础层: 大数据决策支持云平台

基础层是"一带一路"风险大数据支撑体系的基础, 主要为数据资源的采集、存储、分析、应用等提供硬件环境, 包括服务器等硬件基础设施、分布式计算和存储系统等软件基础平台。在国家级大数据云平台基础上, 采用本地化建设、统一技术标准或者直接使用购买云服务的方式, 建设若干个国际区域和国内地区的子平台, 由各支点子平台辐射"一带一路"沿线国家和地区, 实现对海量数据的分布式处理、存储和挖掘。

二 数据层: "一带一路"风险数据资源汇聚体系

"一带一路"风险数据资源汇聚体系主要对"一带一路"风险方面涉及的海量数据资源进行归集, 以"一带一路"数据资源体系建设为主线, 统筹调配相关资源, 优化整合各方力量, 坚持开放合作建设模式, 通过采集、共享、交换、委托、众包、购买、定制等方式, 以统筹部署、分步实施、统分结合、灵活建库、集约建设、优化投入的原则, 建立包括国内互联网数据、国际互联网数据、国内统计数据、国际统计数据、业务数据及其他数据源在内, 支持数据检索、查询、提取、分析等功能的"一带一路"风险数据库, 并按照"数据共建、统一管理、按约共享"的原则, 由国家层面统一建设综合库, 地方和区域联合共建特色库, 形成基于国家总库的各地分布式数据资源共建共享体系。

三 应用层: "一带一路"风险大数据应用支撑体系

应用是"一带一路"风险大数据支撑体系的价值所在。应用层面向不同的业务需求, 提供基于大数据分析的产品和服务, 利用大数据技术对来自国内外新闻门户、微博、论坛等互联网渠道的舆情数据以及国内外统计数据、业务数据等进行关键词分析、情感分析、多元融合分析、预测性分析等模型构建和算法优化, 在此基础上, 通过对重点国别、重点区域、重要行业、重点项目、重点专题等进行风险大数据分析, 定量化、持续性地观测分析"一带一路"相关领域的风险及应对，并提出措施建议。

四　展现层："一带一路"风险大数据融合展现体系

展现层是"一带一路"风险大数据支撑系统的服务界面和接口。主要有四种展现形式：一是综合门户网站，提供各类"一带一路"风险相关综合性信息和服务；二是社交媒体平台，通过微博、微信等平台发布各类风险数据报告及相关信息；三是桌面、移动终端，根据不同用户的需求开发支持桌面、移动终端使用的"一带一路"风险大数据支撑系统；四是大屏系统，以优质视觉和交互体验，全面提高风险大数据产品和服务的展现效果。

五　三个保障体系

三个体系旨在支撑上述四层架构，为风险大数据系统提供综合保障。一是"一带一路"风险大数据综合管理体系，为"一带一路"风险大数据支撑体系提供组织保障。其功能包括：在基础层对搭建的大数据子平台进行统一部署和管理；在数据层规范数据从采集到入库的流程，编制相关文档；在应用层明确数据产品和服务的提供机制；在展现层构建融合展现的需求对接及对外推广机制。二是大数据标准及政策法规体系，需要在遵循国家相关标准规范和制度的基础上，就风险数据管控方面实现标准化采集、统一化处理、时效性完成、分级化查阅。三是信息安全及运维保障体系，通过制度规范和技术防控确保网络和数据安全，建立系统运行维护相关岗位职责和保障机制。

第三节　实施路径

为进一步发挥"一带一路"风险大数据支撑体系的功能，保障"一带一路"建设项目风险可控，建议从三个方面进行推进。

一是加强"一带一路"风险大数据支撑体系的顶层设计与统筹规划。

要在推进"一带一路"建设工作领导小组办公室的指导下,对"一带一路"风险大数据支撑工作进行总体部署和统筹规划。以国家信息中心"一带一路"大数据中心为主体,持续推进风险防范大数据分析工作,不断扩展风险大数据支撑的广度和深度。在"一带一路"风险数据库的基础上,继续开拓与创新各类子库,逐步形成以开放合作、共建共享为特色的决策支撑体系架构。

二是围绕有关政府部门"一带一路"风险管理的需求,继续做好决策支持工作。一方面紧跟"一带一路"实时建设热点,不断完善"一带一路"常态化大数据监测分析和报送机制,选择重点国别、重点区域、重点行业、重点项目等专题进行风险大数据分析,定期报送风险分析报告,为有关部门"一带一路"决策提供支撑;另一方面通过与其他部门、企业、机构等合作,共同开发系列定制化、指数化的风险大数据分析产品,如国际合作风险综合评价指数、专项评价指数等,对"一带一路"各领域风险爆发情况进行定期评价和趋势预测,进一步提高决策支持的主动性、前瞻性。

三是面向"一带一路"相关企业提供决策支持服务,不断拓展服务广度和深度。一方面,进一步丰富"一带一路"风险预警大数据综合服务门户的风险管理功能和服务,为"走出去"企业提供最新风险资讯,以及数据、咨询等延伸服务;另一方面,积极推进开放合作,通过技术创新、应用创新,聚集相关领域的专业企业共同研发风险大数据分析技术,不断提高大数据处理和分析水平,为"一带一路"相关企业提供更加精准的风险防范大数据产品和服务。

附　录
国内外主要风险评估体系介绍

附录一　综合性国家风险评估体系

国家风险衡量的是一国的综合风险，涉及多个方面，如主权国家政府的违约或者态度转变、一国或地区宏观经济环境恶化、社会状况和形势的变化、民族宗教的矛盾、法律法规的不健全等，评估结果大多反映相关国家风险因素对投资者跨境直接投资造成损害的可能性及其严重程度。

一　国外机构发布的评估体系

目前，在国际上比较系统和权威的国家综合风险评估产品来自经济学人智库（Economist Intelligence Unit，EIU）、政治风险服务集团（The Political Risk Services Group，PRS）、环球透视（IHS Global Insight，GI），都有各自的风险评估理论体系（见附表 1），评估结果也被广泛使用。与此同时，杂志《欧洲货币》（*Euromoney*）和杂志《机构投资者》（*Institutional Investor*）在国际资本市场享有盛誉，也推出了国家风险分析服务，主要侧重于金融交易和投资风险的衡量，服务对象多以企业高管及金融从业人员为主。

（一）《国家风险》（经济学人智库）

英国经济学人智库（EIU）成立于 1946 年，是经济学人集团（The Economist Group）的子公司、经济分析智囊部门。其国家风险服务（Country Risk Service）每年更新评估结果，每月公布风险评级综合摘要，并提供短期和中期经济和政治预测，监测范围覆盖 131 个国家。EIU 的国家风

附表 1　国家风险国际研究信息汇总

序号	研究名称	机构名称	发布频率	风险维度
1	《国家风险》	经济学人智库	年度	主权风险
				货币风险
				银行业风险
2	《国际国家风险指南》	政治风险服务集团	月度	政治风险
				经济风险
				金融风险
3	《国家风险分析》	环球透视	季度	政治风险
				经济风险
				安全风险
				法律风险
				税务风险
				运营风险
4	《国家信用指数》	《机构投资者》杂志	半年	经济展望
				债务
				金融储备/资本账目
				财政政策
				政治展望
				资本市场的准入度
				贸易收支
				流入的证券投资
				外国直接投资
5	《国家风险指数》	《欧洲货币》杂志	季度	政治风险
				经济表现
				结构评价
				债务指标
				资信等级
				融资渠道及进入市场便利性

险服务采用定量和定性指标来评估主权风险、货币风险、银行业风险、政治风险、经济结构风险和国家整体风险六大类风险，而国家整体风险根据主权风险、货币风险和银行业风险的评分简单平均得出，这三种风险则分别根据政治（political）、政策（policy）、周期性和结构性变量（cyclical and structural variables）按照不同规则综合得出，由此构建了五大类评估指标即

政治/机构（Politics/institutions）、经济政策（Economic policy）、经济结构（Economic structure）、宏观经济（Macroeconomic）、融资和流动性（Financing and liquidity）（见附表 2 和附表 3）。

附表 2　《国家风险》评估指标体系

一级指标	二级指标	一级指标	二级指标
政治/机构	外部冲突	宏观经济	真正的经合组织国内总产值增长
	治理/社会动荡		信贷占国内总产值的百分比增长
	选举周期		实际国内总产值增长
	平稳移交		通货膨胀
	事件风险		贸易加权实际汇率
	主权风险		汇率失调
	制度效力		汇率波动性
	腐败		出口收入增长
	银行部门的腐败		经常账户余额
	支付承诺		资产价格泡沫
经济政策	决策/政策组合的质量	融资和流动性	转让和可兑换风险
	货币稳定		货币基金组织方案
	间接工具的使用		国际金融支持
	实际利率		获得融资
	财政平衡/国内生产总值		总融资要求
	财政政策的灵活性		偿债指标
	公共财政的透明度		利息费用指标
	国内债务/初级预算结余		债务组合结构
	未确定的退休金和医疗保健负债		外汇储备/公共债务货币结构
	汇率制度		债务流动性指标
	黑市/双重汇率		外国直接投资和外部融资
经济结构	收入水平		进口/（政府存款/利息费用）
	官方数据（质量/及时性）		经合组织短期利率
	经常账户余额		不良贷款
	国内生产总值增长的波动性		银行的信贷管理
	单一商品出口的依赖性		银行的外国资产头寸
	外部冲击/传染		
	公共债务/国内总产值		
	外部偿付能力指标		
	默认历史记录		
	金融监管		

附表 3　各个风险维度的权重分配

单位：%

维度	政治/机构	经济政策	经济结构	宏观经济	融资和流动性
货币风险	20.00	16.36	14.09	24.09	25.45
主权风险	21.82	15.45	22.27	11.82	28.64
银行业风险	19.38	14.54	19.38	17.18	29.52
政治风险	100	0.00	0.00	0.00	0.00
经济结构风险	0.00	0.00	100.00	0.00	0.00

（二）《国际国家风险指南》（政治风险服务集团）

美国政治风险服务集团成立于 1979 年，由弗若斯特沙利文（Frost & Sullivan）咨询公司的政治风险服务部门和英国 IBC 集团（“信息化”）联合组成。其《国际国家风险指南》（*International Country Risk Guide*，ICRG）每月发布，监测范围覆盖 140 个国家。其评价的国家风险分为三个部分，分别为政治风险、金融风险和经济风险。政治风险为 100 分，金融风险为 50 分，经济风险为 50 分。这三个指标的总分除以 2，以产生纳入综合国家风险评分的权重。国家综合得分 0 ~ 100 不等，然后被分为从非常低的风险（80 ~ 100 分）到非常高的风险（0 ~ 49.9 分）。ICRG 的评估体系重点突出政治风险分析，政治风险细化指标占总体的 69.70%，指标体系中被赋予的权重达 50%（见附表 4）。

（三）《国家风险分析》（环球透视）

环球透视成立于 2001 年，是数据提供商 IHS Markit 旗下的一家公司。目前为 3800 多家客户提供详尽的国家风险分析（Country Risk Analyst），覆盖 206 个国家，风险评估可以细化至一国内某区域的测评，其指标体系所包含的维度比较全面，相较其他机构更为侧重对营商环境风险的评估，除了包括常见的政治风险和经济风险，还将安全风险、法律风险、税务风险和运营风险列为独立的风险因素，涉及犯罪、法律完善程度、法律从业人员经验、税务清晰度、税务负担、对外国投资的态度、基础设施质量、劳动力质量、官僚主义和腐败等多个细分指标（见附表 5）。

附表4 《国际国家风险指标》评估指标体系

单位：%

一级指标	权重	二级指标	权重	三级指标	权重
政治风险	50	政府稳定	12	政府团结	4
				立法力量	4
				人民支持	4
		社会经济状况	12	失业	4
				消费者信心	4
				贫穷	4
		投资概况	12	合同的可行性/征用	4
				利润返回	4
				付款延迟	4
		内部冲突	12	内战/政变威胁	4
				恐怖主义/政治暴力	4
				内部骚乱	4
		外部冲突	12	战争	4
				跨境冲突	4
				外国压力	4
		腐败	6	—	—
		军事政治	6	—	—
		宗教紧张	6	—	—
		法律和秩序	6	法律	3
				秩序	3
		民族紧张局势	6	—	—
		民主问责制	6	—	—
		官僚作风	4	—	—
经济风险	25	人均国内生产总值占比	5	—	—
		实际国内生产总值增速	10	—	—
		年度通货膨胀率	10	—	—
		预算余额占国内总产值的比重	10	—	—
		经常账户占国内生产总值的比重	15	—	—
金融风险	25	外债占国内生产总值的比重	10	—	—
		外债还本付息额占商品和服务出口的比重	10	—	—
		经常账户占商品和服务出口的比重	15	—	—
		国际流动性净额与月进口比重	5	—	—
		汇率稳定性	10	—	—

附表 5　环球透视风险模块、权重及细分指标

单位：%

一级指标	权重	二级指标	一级指标	权重	二级指标
政治风险	25	制度稳健性	法律风险	15	完善程度
		代表性			透明度
		内部认同			独立性
		外部认同			从业人员经验
经济风险	25	市场导向程度	税务风险	15	清晰度
		政策连贯和前瞻性			公平性
		经济多样性和稳健度			税务负担
		宏观经济基础			有效性
安全风险	10	国内冲突	运营风险	10	对外国投资的态度
		犯罪			基础设施质量
		恐怖主义威胁			劳动力质量
		外部冲突威胁			官僚主义和腐败

（四）《国家风险指数》（《欧洲货币》）

英国《欧洲货币》杂志成立于 1969 年，隶属于欧洲货币机构投资者集团。其国家风险评估（Euromoney Country Risk）覆盖 187 个国家和地区，包括政治风险、经济表现和结构评价三大定性指标，以及债务指标、资信等级和融资渠道及进入市场便利性三个定量指标。其国家风险评估较为重视专家的定性评估，其中定性指标占 70%，定量指标占 30%。其定性指标的评估取决于 100 余名相关方面专家提供的信息，杂志社再对评估国家进行全面的分析，得出最终结果（见附表 6）。

（五）《国家信用调查》（《机构投资者》）

美国杂志《机构投资者》创立于 1967 年，主要报道国际金融领域，公司现已发展成为一家多元化的全球金融通信公司。其《国家信用调查》报告以 6 个月为一个周期进行更新，覆盖全球 179 个国家，国家风险涉及政治风险、汇率风险、经济风险、主权风险和转让风险等要素。

附表 6 《国家风险指数》评估指标

单位：%

一级指标	权重	二级指标
政治风险	30	腐败
		政府未付款/未遣返（non-repatriation）
		政府稳定
		信息获取/透明度
		机构风险
		监管和政策环境
经济表现	30	银行稳定性/风险
		国民生产总值
		失业率
		政府财政
		货币政策/货币稳定
结构评价	10	人口统计
		硬件基础设施
		劳工市场/劳资关系
		软件基础设施
债务指标	10	债务总额与国民生产总值（A）、债务偿还与出口（B）；经常账户余额与国民生产总值（C）之比
资信等级	10	穆迪（Moody's）、标准普尔（Standard & Poor's）和惠誉（Fitch）的主权评级被赋予名义价值
融资渠道及进入市场便利性	10	——

二 国内机构发布的评估体系

随着中国企业"走出去"的步伐不断加快，国内的智库和机构也越来越多地投入力量进行国家风险的研究，其中中国社会科学院世界经济与政治研究所、中国出口信用保险公司和中债资信评估有限责任公司三家机构已形成较为全面的研究体系（见附表7）。

附表7　国家风险国内研究信息汇总

研究名称	机构名称	发布频率	风险维度
《中国海外投资国家风险评级》(CROIC-IWEP)	中国社会科学院世界经济与政治研究所	年度	经济基础
			偿债能力
			社会弹性
			政治风险
			对华关系
《国家风险参考评级体系》	中国出口信用保险公司	年度	政治风险
			商业环境风险
			经济风险
			法律风险
《国家风险评估体系》	中债资信评估有限责任公司	年度	政治风险
			经济风险
			营商环境风险
			汇兑风险
			调整项:对华关系

（一）《中国海外投资国家风险评级》（社会科学院世界经济与政治研究所）

中国社会科学院世界经济与政治研究所成立于1964年，是中国社会科学院下属的国际问题研究所之一，是中国经济政策、国际经济政策和中国外交政策等领域最有影响力的智库之一，自2013年开始发布《中国海外投资国家风险评级》（CROIC-IWEP），覆盖全球57个国家，从经济基础、偿债能力、社会弹性、政治风险和对华关系五大维度，给予每个维度相同的权重（20%），量化评估中国企业海外投资所面临的主要风险（见附表8）。

（二）《国家风险参考评级体系》（中国出口信用保险公司）

中国出口信用保险公司于2001年12月18日成立，是由国家出资设立、支持中国对外经济贸易发展与合作、具有独立法人地位的国有政策性保险公司。中国出口信用保险公司从2005年起首次对外发布国家风险参考评级结果，涵盖全球192个主权国家，从政治风险、经济风险、商业环境风险和法律风险四个维度对一国的风险水平进行评级，并且对未来风险等级进行展望，通过评级分析为中国企业和相关机构提供投资应对建议（见附表9）。

附表 8 《中国海外投资国家风险评级》评估指标及权重

单位：%

一级指标	权重	二级指标	一级指标	权重	二级指标
经济基础	20	市场规模	社会弹性	20	资本和人员流动的限制
		发展水平			劳动力市场管制
		经济增速			商业管制
		经济波动性			教育水平
		贸易开放度			社会安全
		投资开放度			其他投资风险
		资本账户开放度	政治风险	20	执政时间
		通货膨胀			政府稳定性
		失业率			军事干预政治
		收入分配			腐败
偿债能力	20	公共债务/GDP			民主问责
		外债/GDP			政府有效性
		短期外债/总外债			法制
		财政余额/GDP			外部冲突
		外债/外汇储备	对华关系	20	是否签订 BIT
		经常账户余额/GDP			投资受阻程度
		贸易条件			双边政治关系
		银行业不良资产比重			贸易依存度
		是否为储备货币发行国			投资依存度
社会弹性	20	内部冲突			免签情况
		环境政策			

附表 9 《国家风险参考评级体系》评估指标体系

一级指标	二级指标	一级指标	二级指标
政治风险	战争内乱风险	经济风险	经济增长风险
	政局动荡风险		通货膨胀风险
	公共安全风险		就业风险
	干预征收风险		财政收支风险
	汇兑限制风险		国际收支风险
	国际制裁风险		债务偿付风险
	自然灾害风险		汇率风险
商业环境风险	税收变更风险	法律风险	法律变更风险
	基础设施风险		法律维护风险
	产权保护风险		司法腐败风险

（三）《国家风险评估体系》（中债资信评估有限责任公司）

中债资信评估有限责任公司成立于 2010 年，是首家全国性信用再评级公司，由中国银行间市场交易商协会代表全体会员出资设立。其构建的国家风险评估体系分析了"一带一路"地区的中国直接投资的发展前景及面临的风险。对东道国国家风险的评估围绕着对政治风险、经济风险、营商环境风险以及汇兑风险等子风险的分析展开，同时考察"对华关系"对跨境直接投资的影响。在评分方法上，定性指标均采用明确的等级量化进行得分测算，并基于子风险项的发展态势、危害波及范围、损害程度等，采用可变权重，确保评估结果客观、科学（见附表 10）。

附表 10 《国家风险评估体系》风险指标

一级指标	二级指标	三级指标	权重
政治风险	政治制度化水平	政治体制的稳固性	
		政治体制的有效性	
	国内外冲击强度	国内冲击强度	
		外部冲击强度	
	政治运行历史状况	政治平稳运行时间	
		调整项:领导人和平更替	
经济风险	国内经济运行风险	宏观经济运行状况	基于子风险项发生时的危害程度、波及范围等,采用可变权重
		财政体系稳健度	
		金融体系稳健度	
		对外支付能力	
	外部经济冲击	与外部经济的联系紧密度	
		外部经济风险	
		调整要素	
营商环境风险	法制环境	立法完善度与稳定性	
		司法环境	
	政府治理水平	政府行政效率	
		政府廉洁度	
	税收征管	税收征管体系的复杂性	
		税收征管体系的稳定性	
	基础设施建设	交通	
		电力	
	劳工关系	—	
	调整项	自然灾害与疾病	

续表

一级指标	二级指标	三级指标	权重
汇兑风险	汇兑制度环境	资本转移限制	基于子风险项发生时的危害程度、波及范围等,采用可变权重
		经营性支付限制	
		兑汇自主性	
	汇兑实力	外汇资产充裕度	
		外债状况	
		货币地位	
		汇率制度	
调整项:对华关系	双边政治关系	官方政治关系	
		历史文化关系	
	双边经济关系	对华经济友善关系	
		对华经济依存程度	

附录二　国家主权信用评级体系

　　主权信用评级，实质就是对一国中央政府作为债务人履行偿债责任的能力和意愿进行综合性评估。作为客观独立的第三方风险评价意见，国际资本市场需要以此作为维护金融秩序和防控风险的重要手段，国家主权信用评级已成为经济与金融体系健康运转不可或缺的重要组成部分。

一　三大国际主权信用评级机构发布的评估体系

　　经过百年发展，标准普尔（Standard & Poor's）、穆迪（Moody's）、惠誉（Fitch）三家大型评级机构逐渐形成各自系统成熟的国家主权信用评级理论体系（见表12）。在美国《全国认可信用评级机构年度报告》中，三家机构在信用评级市场处于高度垄断状态。标准普尔与穆迪均为美国公司，惠誉的规模较其他两家稍小，是三大评级机构中唯一一家欧洲（法国）控股的评级机构。相较而言，标准普尔与穆迪的指标体系较为接近，惠誉指标体系涵盖的方面更为丰富，细项指标更详尽（见附表1）。

附表 1　国家主权信用风险国际评级体系信息汇总

研究名称	机构名称	发布频率	风险维度
国家主权信用评级	标准普尔	定期	政治和经济状况
			弹性和表现状况
	穆迪	定期	国家经济的弹性
			政府的财务稳健性
	惠誉	定期	结构特点
			宏观经济表现、政策及前景
			公共财政
			外部财政

　　（一）标准普尔的国家主权信用评级体系

　　标准普尔成立于1860年，是全球领先的独立信用风险研究和指标提供商，对 127 个国家和地区的主权信用进行了评级。在其主权评级过程中，政治评估和经济评估结合形成"政治和经济状况"，同时外部评估、财政评估和货币评估形成"弹性和表现状况"，再通过这两大方面的评级矩阵得到初步结果。标准普尔认为主权评级的指标是相互关联的，变量权重的赋予取决于不同的主权国家和事件（见附表 2）。

附表 2　标准普尔主权信用评级模型

一级指标	二级指标及解释
政治评估	国家决策和政治制度的有效性、稳定性和可预见性
	国家制度、数据和流程的透明度和问责制，以及统计数据的范围及可信度
	国家还债记录
	外部安全问题
经济评估	收入水平
	增长前景
	经济多元化和波动情况
外部评估	国家货币在国际交易中的地位
	国家的外部流动性，是国家经济获取必要的外汇去支付其公共或私有部门对非本国实体的债务能力的衡量指标
	国家的外部头寸，显示本国居民的资产和负债水平
财政评估	财政表现及弹性
	债务负担
货币评估	国家将货币政策与财政和经济政策相结合以维持经济的可持续发展能力
	通过对经济周期内通胀趋势的评估来获取货币政策可信度
	以市场为导向的货币机制对实体经济的影响，在很大程度上是国内金融体系和资本市场深度和多样化的重要因素
特殊调整因素	外部流动性极度疲软
	财政债务负担极高
	政府流动金融资产非常大
	制度风险和高债务负担非常高
	风险事件

（二）穆迪的国家主权信用评级

穆迪于 1909 年创立，是国际权威投资信用评估机构，同时也是著名的金融信息出版公司。其主权信用评级覆盖全球超过 120 个国家和地区。其主权信用评级的分析过程分为三个步骤：第一步是根据评价国家的经济实力和体制实力两方面来确定国家经济的弹性；第二步直接针对债务事项，特别是对政府的财务实力和对事件风险的敏感性两个因素的综合来衡量政府的财务稳健性；第三步对照国家经济的弹性和政府的财务稳健性的评级结果，明确主权信用评级区间。最终评级结果是根据同业比较以及对尚未充分掌握的其他因素进行衡量后得出。在具体指标中，国家经济的弹性主要包括两方面，一是该国的经济实力，尤其是人均 GDP 所反映的实力——这是唯一一个反映经济稳健性，进而反映抗冲击能力的最佳指标；二是该国的体制实力，主要是该国的体制框架和治理（例如对知识产权的尊重、透明度、政府行动的效率和可预测性、对政治措施的主要目标的共识程度）的质量是否有利于遵守合约。政府的财务稳健性主要包括两个方面，一是政府的财务能力，主要是确定哪些债务必须清偿（和债务的"可承受度"），以及政府动员资源的能力——增加税收、削减开支、出售资产、获得外汇等；二是对事件风险的敏感性——这是直接及即刻威胁债务清偿的风险，对于高评级的国家而言，这也是评级突然遭遇下调多个评级的风险，主要是确定不利的经济、金融或政治事件的发生是否可能（进一步）危及债务环境。

（三）惠誉的国家主权信用评级

惠誉于 1913 年成立，是法国 FIMALAC, S. A. 的子公司，其主权信用评级覆盖 118 个国家。其指标体系包括经济结构性特征（structural features of the economy），宏观经济表现、政策及前景（macroeconomic performance, policies and prospects），公共财政（public finances），外部财政（external finances）四大类。惠誉认为结构性特征维度最为重要，赋予权重达 53.6%，包含治理质量、财富与经济的灵活性、政治风险、银行业四个子指标，每一个子类别下都进一步细化为 2～5 个细项指标（见附表 3）。

附表 3 惠誉主权信用评级模型

单位：%

一级指标	权重	二级指标	三级指标
结构特点	54.7	治理质量	政府效能
			法治
			贪污的管制
			话语权和问责制
			商业环境
		财富与经济的灵活性	人均国内总产值
			冲击的适应力
			金融系统的深度
			储蓄率和开放性
		政治风险	政治稳定
			制度的合法性
			冲突/战争风险
			债务支付记录
			经济政策风险
		银行业风险	管制和监督制度的质量
			宏观金融不稳定风险
			可能的负债风险
			银行部门指标和宏观审慎指标
宏观经济表现、政策及前景	10.5	政策框架	连贯性和可信度
			坚固性和抗冲击能力
		国内生产总值的增长	水平
			波动和可持续性
		通胀	水平和稳定性
			美元化/指数化
		实际有效汇率	与政策框架的一致性
			固定/挂钩制度的脆弱性

续表

一级指标	权重	二级指标	三级指标
公共财政	16.7	政府债务	政府总债务/国内总产值
			债务容限
			成熟度、利率和货币组合
			融资灵活性与市场准入
			财政资产
			可能的负债
		财政平衡	一般政府结余/国内生产总值
			预算灵活性/刚性
			收入基础的广度
		债务动态	公共债务的可持续性
			基于政府收支、GDP 增长和利息成本的预测的情景分析
		财政政策	财政规则和框架的一致性、谨慎性和透明度
外部财政	18.1	国际收支	经常账户余额
			商品或部门的依赖性
			资本流动的结构与波动性
		外部资产负债表	服务外债
			外债的可持续性
			外部资产和负债存量
			境外资产净头寸
			外债净额
		外部流动性	成熟度和货币结构
			官方部门与市场的债务
			国际流动资金比率
			非居民扩大信贷和购买国内资产的愿意程度
			储备货币灵活性

附表 4　定性叠加

定性叠加	调整
政治风险	
银行业和宏观监管的风险	
商业环境和经济灵活性	
宏观经济政策的可信度和灵活性	
GDP 增长前景（5 年）	明显高于平均水平 + 2
宏观经济稳定性	高于平均水平 + 1
财政融资灵活性	平均水平对等 0
公共债务的可持续性	低于平均水平 − 1
财政刚性	明显低于平均水平 − 2
外部融资灵活性	
外债可持续性	
易受冲击的脆弱性	

二　国内三大主权信用评级机构指标体系

我国信用评级市场当前仍处于新兴阶段。2016 年 10 月 28 日国家发改委公布了 2015 年度企业债券信用评级机构信用评价结果，中诚信国际信用评级有限公司、联合资信评估有限公司和大公国际信用评级集团有限公司取得前三名。这三家评级机构所占市场份额超过 90%，构成鼎足之势（见附表 5）。

（一）中诚信国际信用评级有限公司

中诚信国际信用评级有限公司始创于 1992 年，是国内规模最大的从事信用评级、金融债券咨询和信息服务的股份制非银行金融机构。2012 年中诚信国际信用评级有限公司首次发布了 30 个主权国家的信用评级，目前评估国家数量已达 60 个。2015 年中诚信国际信用评级有限公司依托自身主权信用评级体系，针对"一带一路"沿线重点国家梳理了经济、财政、债务和政治风险四大方面的危险，同时对各国未来债务可持续性及主权评级调整因素进行了展望，首次发布了《"一带一路"沿线国家主权信用风险报告》（见附表 6）。

附表5 国家主权信用风险国内评级体系信息汇总

研究名称	机构名称	发布频率	风险维度
"一带一路"沿线国家主权信用风险评级	中诚信国际信用评级有限公司	定期	经济风险
			财政风险
			债务风险
			政治风险
国家主权信用评级	大公国际信用评级集团有限公司	定期	政治环境
			经济实力
			财务状况
			外债与外部流动性
国家主权信用评级	联合资信评估有限公司	定期	国家治理
			宏观经济
			结构特征
			公共财政
			外部融资

附表6 "一带一路"沿线国家主权信用风险评级指标体系

一级指标	二级指标
经济风险	居民收入和生活水平(人均GDP)
	经济规模和多元化程度(实际GDP总量和增长率波动)
	经济增长趋势(实际GDP增长率)
	经济开放程度(净出口量)
	经济运行稳定性(CPI变动率、失业率)
财政风险	政府财政表现(一般政府财政余额/GDP、财政收入、财政支出)
	货币国际地位(外汇储备、汇率)
	经常性收支情况(经常账户余额/GDP)
债务风险	赤字率
	国家负债率(一般政府债务/GDP、中央政府债务/GDP)
	国际储备/外债存量
	公共债务/GDP
	国债收益率
	债务的期限结构和GAP指标
政治风险	国内政治局势
	政党更迭
	国际关系

（二）大公国际信用评级集团有限公司

大公国际信用评级集团有限公司于 1994 年成立，是中国一家以提供信用评级为核心业务的高端金融服务公司。自 2010 年开始，大公国际信用评级集团有限公司正式发布国家主权信用评级报告，目前主权评级范围已涵盖 100 个国家和地区。大公国际信用评级集团有限公司从影响财政收入、外汇储备和债务未来发展趋势的角度，将评级要素分为四个方面：政治环境、经济实力、财政状况和外债与外部流动性。由于主权具有在违约情况下债权人无法将其资产强制执行的权利，大公国际信用评级集团有限公司主权评级在对主权偿还债务的能力进行评估的同时充分重视其偿还意愿（见附表 7）。

附表 7　大公国际信用评级集团有限公司国家主权信用评级指标体系

评价要素	指标名称	部分指标公示及释义
政治环境	政治适应性	政治法律框架与社会发展的匹配程度
	政策连贯性和稳定性	政策连贯性
		领导更替的合法性
	治理水平	政府稳定性
		廉洁度
		透明度
		有效性
	社会动员能力	国家认同度和凝聚力
		社会公平度
		中央政府对国家控制力
	国家安全状况	社会动乱
		内战
		地缘政治危机
		外部战争
经济实力	经济政策及发展战略	财政及货币政策是否协调一致
		政策制定及实施效果
		是否具有适合本国国情的发展战略
	经济规模和发展水平	GDP（按购买力平价计）
		人均 GDP（按购买力平价计）
	经济结构和产业结构	产业层级和多元化程度
		对外开放度

续表

评价要素	指标名称	部分指标公示及释义
经济实力	金融体系	国内储蓄总额/GDP 的变化率
		总投资/GDP 的变化率
		国内信贷/GDP
		M2/GDP
		银行体系不良贷款率
	经济运行绩效	实际经济增长率
		通货膨胀率
		失业率
财政状况（根据各国财政体制情况不同，区分中央政府或各级政府）	财政收入水平和结构	政府总收入/GDP
		财政收入结构
	财政支出水平和结构	政府总支出/GDP
		财政支出结构
	财政余额	财政余额/GDP
		初级财政余额/GDP
	政府债务状况	政府总债务/GDP
		政府总债务/政府总收入
		政府外债总额/政府总债务
		当年还本付息/政府总收入
外债与外部流动性	外债状况	外债总额/外汇储备
		偿债率
		负债率
		债务率
		名义汇率
		短期外债/总外债
	国际收入	经常项目/GDP
		金融项目余额
		国际储备总额
	汇率风险	银行体系外币资产/银行体系总资产
		外汇及汇率政策
	外部融资能力	与经济强国及国际组织的关系

（三）联合资信评估有限公司

联合资信评估有限公司于 2000 年正式成立，是中国信用评级机构之一，现在对 30 个国家和地区进行国家主权信用评级。其主权信用评级主要考量主权国家（或地区）的国家治理、宏观经济、结构特征、公共财政和外部融资五个方面（见附表8）。

附表8　联合资信评估有限公司主权信用评级主要量化指标

一级指标	二级指标	三级指标
国家治理	政治稳定性	—
	政府治理能力	政府效率
		腐败控制
		监管质量
	制度完善性	法规
		话语权和问责制
宏观经济	经济发展表现	GDP 总量
		GDP 增长率
		经济波动性
	经济景气度	制造业 PMI
		服务业 PMI
	通胀水平	CPI 增幅
		物价波动性
	就业水平	失业率
结构特征	经济结构	经济构成
		产业构成
	国家发达程度	人均 GDP
		人类发展指数
		营商环境指数
	对外依赖程度	进出口总额/GDP
		外国直接投资/GDP
	银行业稳健程度	总储蓄率
		银行业资本充足率
		银行业不良贷款率
		银行业净资产收益率
	人口结构	人口构成
公共财政	财政收支	财政收入/GDP
		财政收入增长水平
		财政赤字/GDP
	债务负担	一般政府债务总额/GDP
		一般政府债务净额/GDP
	偿债能力	财政收入/一般政府债务总额

续表

一级指标	二级指标	三级指标
外部融资	国际收支	经常账户收入增速
		经常账户余额/GDP
	外债负担	外债总额/GDP
		一般政府外债总额/全部外债
		外债净额/GDP
	外债偿还能力	对外资产/外债总额
		经常账户收入/外债总额
		外汇储备/外债总额
	汇率风险	实际有效汇率变化
		汇率波动性

附录三　专项风险评估体系

调研中发现，除了综合的风险评估体系外，很多机构选择政治、经济、社会、法律等专项指标对国家发展水平进行测度，这些指数也被纳入调研范围，包括世界银行的营商环境报告、世界正义工程的法治指数、经济与和平研究所的世界和平指数和全球恐怖主义指数。

此外，随着"一带一路"建设的快速发展，国内机构相继发布了一些针对"一带一路"沿线国家发展现状的指数，这些指数也被列为研究对象，例如工行标准行的"一带一路"经济指数、中国对外承包工程商会的"一带一路"国家基础设施发展指数（见附表1）。

一　营商环境报告（世界银行）

世界银行（World Bank）是世界银行集团的简称，成立于1945年，是联合国经营国际金融业务的专门机构，同时也是联合国的一个下属机构。其营商环境报告分析并统计了全球190个经济体的营商环境，从开办企业、办理许可、得到电力、财产注册、获得贷款、保护少数投资者、纳税、跨境贸易、合同履行、破产处理和劳动力市场规章制度11个因素来衡量国家规章制度对营商环境的影响（见附表2）。

附表1　风险相关专项指标评估体系信息汇总

序号	研究名称	机构名称	发布频率	风险维度
1	营商环境报告	世界银行	年度	开办企业
				获取施工许可
				获取电力
				资产登记
				受信业务
				保护中小投资者
				纳税
				跨境交易

续表

序号	研究名称	机构名称	发布频率	风险维度
1	营商环境报告	世界银行	年度	执行契约
				破产处理
				劳动力市场规章制度
2	法治指数	世界正义工程	年度	对政府权力的限制
				腐败程度
				政府开放度
				基本权利
				秩序和安全
				监管执行
				民事司法
				刑事司法
3	世界和平指数	经济与和平研究所	年度	持续的国内和国际冲突
				社会安全与防护
				军事化
	全球恐怖主义指数	经济与和平研究所	年度	恐怖袭击的总次数
				恐怖袭击的总意外死亡人数
				恐怖袭击的总受伤人数
				恐怖袭击的总财产破坏额
4	"一带一路"国家基础设施发展指数	中国对外承包工程商会	2017年6月首发	发展环境
				发展潜力
				发展趋势
5	"一带一路"经济指数	工行标准行	2017年7月首发	"一带一路"经济稳健指数
				"一带一路"中国互通性指数

附表2 世界银行营商环境报告 11 个因素

因素	衡量方面
开办企业	开办有限责任公司需要的流程、时间、成本和最低实缴资本
获取施工许可	获取施工许可中建立库房、质量管理和安全机制等正式手续需要的流程、时间和成本
获取电力	连接电网所需要的流程、时间和成本;电力供给的可靠程度和收费透明度
资产登记	财产转移需要的流程、时间和成本以及土地管理体制的质量
受信业务	动产担保法和征信系统

续表

因素	衡量方面
保护中小投资者	中小股东在关联方交易和企业治理中的权力
纳税	公司遵守税收政策所需的支付、时间和总税率
跨境交易	出口相对优势产品的时间和成本
执行契约	解决商业争执的时间和成本以及司法程序的质量
破产处理	商业破产的时间、成本、结果和收回率;针对破产的法律框架的有效性
劳动力市场规章制度	雇用制度的灵活性和工作质量的方面

二　法治指数（世界正义工程）

"世界正义工程"计划（World Justice Project）发起于 2006 年，现已成为一个独立的、非营利性的、跨学科的非政府组织，旨在推动法治研究、编制法治指数、促进全球合作。其创建的法治指数（Rule of Law Index），是第一个国际法治综合评估指数，覆盖全球 113 个国家和地区。目前测量法治的因子内容有八个方面：对政府权力的限制、腐败程度、政府开放度、基本权利、秩序和安全、监管执行、民事司法、刑事司法。变量数据来自调查和事件统计，专业人士和广大公众均为评估主体，指数得分通过权重的均等分配和线性计算法加总而成。该法治指数完整地阐释了法治定量评估的运行过程，只是目前还存在调查取样不足的问题（见附表 3）。

附表 3　世界正义工程法治指数指标体系

一级指标	二级指标
对政府权力的限制	政府权力受到立法机关的有效限制
	政府权力受到司法机构的有效限制
	政府权力受到独立审计和审查的有效限制
	政府官员因不当行为被制裁
	政府权力受非政府检查
	权利依法转移

续表

一级指标	二级指标
腐败程度	政府官员在行政部门不使用公职为私有获取
	政府官员在司法部门不使用公职为私有获取
	政府官员在警察和军队不使用公职为私有获取
	政府官员在立法部门不使用公职为私有获取
政府开放度	公开的法律和政府数据
	了解情况权
	公民参与度
	投诉机制
基本权利	平等对待和免受歧视
	法律正当程序与被告的权利
	言论与表达自由被有效保障
秩序和安全	信仰与宗教自由被有效保障
	不受任意干涉的隐私自由被有效保障
	集会与结社自由被有效保障
	基本的劳动权利被有效保障
	犯罪被有效控制
	民事冲突被有效限制
	人民无须诉诸暴力来表达个人怨恨
监管执行	政府条例得到有效执行
	政府规章的适用和执行没有不当的影响
	行政程序的实施不受无理拖延
	正当程序在行政程序中得到尊重
	私人财产在没有合法程序和未得到充分补偿前不被征用
民事司法	人民能够更接近并利用民事司法
	民事司法无歧视
	民事司法无腐败
	民事司法无不当政府影响
	民事司法不受无理迟延的惩罚
	民事司法得到有效执行
	备选争端解决机制可获得、公正和有效

续表

一级指标	二级指标
刑事司法	刑事侦查制度是有效的
	刑事审判制度及时有效
	惩教制度有效地减少了犯罪行为
	刑事制度是公正的
	刑事制度没有腐败
	刑事制度没有不当的政府影响
	适当的法律程序和被告人的权利

三 世界和平指数和全球恐怖主义指数（经济与和平研究所）

经济与和平研究所（The Institute for Economics and Peace）创立于 2007 年，是一家国际化非营利性研究机构，致力于让全球关注和平，并将和平作为促进人类福祉与进步的一个积极、切实可行的手段，构建了世界和平指数和全球恐怖主义指数。其构建的世界和平指数（Global Peace Index）涵盖全球 163 个国家和地区，从持续的国内和国际冲突、社会安全与防护、军事化三个方面，采用 23 种定性和定量指标展开广泛的数据分析（见附表 4）。

附表 4　世界和平指数 23 个定性定量指标

一级指标	二级指标
持续的国内和国际冲突	内部冲突的数量和持续时间
	外部有组织冲突的死亡人数
	内部有组织冲突的死亡人数
	外部冲突的数量、持续时间和作用
	内部有组织冲突的强度
	与邻国的关系
社会安全与防护	社会内认知的犯罪程度
	难民和失所人民占总人数比重
	政治不稳定
	政治恐怖比例
	恐怖主义的影响
	每 100000 人的凶杀率

续表

一级指标	二级指标
社会安全与防护	暴力犯罪程度
	暴力示威的可能性
	每 100000 人的监禁率
	每 100000 人中内部安全官员和警察数量
军事化	军事支出占全国生产总值比重
	每 100000 人军事人员数量
	每 100000 人进口主要常规武器体积
	每 100000 人出口主要常规武器体积
	对联合国维和行动的财政支持
	核武器和重武器能力
	获取小型轻武器能力

经济与和平研究所发布的全球恐怖主义指数（Global Terrorism Index）涉及 163 个国家和地区，基于恐怖袭击的总次数、恐怖袭击的总意外死亡人数、恐怖袭击的总受伤人数、恐怖袭击的总财产破坏额四大指标 5 年的数据，按照不同权重比例加权计算，衡量一年内恐怖袭击的相对影响（见附表 5）。其使用的数据来自由马里兰大学主导的国家恐怖主义研究和应对协会（START）整理核对的全球恐怖主义数据库，截至 2016 年整理了 170000 余件恐怖主义事件。

附表 5　全球恐怖主义指数指标及权重

一级指标	权重
恐怖袭击的总次数	1
恐怖袭击的总意外死亡人数	3
恐怖袭击的总受伤人数	0.5
恐怖袭击的总财产破坏额	0 ~ 3（根据严重程度浮动）

四　"一带一路"国家基础设施发展指数（中国对外承包工程商会）

中国对外承包工程商会成立于 1988 年，是由在中华人民共和国境内依法注册从事对外投资、对外承包工程、劳务合作和其他国际经济技术合作业

务的企业及开展相关活动的单位依法自愿成立的具有社团法人资格的全国性
行业社会团体。在澳门贸易投资促进局的支持下，中国对外承包工程商会与
大公国际信用评级集团有限公司携手开发了"一带一路"国家基础设施发
展指数（The Belt and Road Infrastructure Development Index）。该指数的"发
展"是指该国未来 2~3 年基础设施发展的前景，评估"一带一路"沿线的
63 个国家（巴勒斯坦和叙利亚由于数据缺失严重而未作为指数研究对象），
由发展环境指数（政治环境、社会环境、金融环境、营商环境）、发展潜力
指数（市场需求和生产要素资源）以及发展趋势指数（基础设施增长速度
与跨国基建项目热度）三个指数构成（见附表 6）。

附表 6　"一带一路"国家基础设施发展指数细化指标

一级指标	二级指标	三级指标
发展环境	政治环境	政局稳定性、基础设施发展战略清晰度、政策连续性、国际关系友好度、基建行业开放度等指标
	社会环境	考察治安、文化等社会因素
	金融环境	汇率、物价、资本项目开放度、国家债务安全等指标
	营商环境	经济法律完善度、行政效率、商业便利度、税收负担等指标
发展潜力	市场需求	考察国内人均基础设施保有量、经济发展水平和国际交往状况对基础设施保有量、经济发展水平和国际交往状况对基础设施发展的需要
	生产要素资源	考察跨国基建项目中土地、原材料、人力、资金等要素资源的供给情况
发展趋势	基础设施增长速度	基础设施各行业年产值和行业投资形成额增长率
	跨国基建项目热度	具体考察跨国基础设施建设项目新签合同状况

五　"一带一路"经济指数（工行标准行）

2015 年中国工商银行（ICBC）在收购了标准银行（Standard Bank Plc）
60% 股权的基础上成立了工银标准银行有限公司（简称"工行标准行"）。
2017 年，其与牛津经济研究院联合研发的"一带一路"经济指数，涵盖
"一带一路"沿线 65 个国家，包括"一带一路"经济稳健指数和"一带一

路"中国互通性指数两个子指数。经济稳健指数由沿线各国的宏观经济表现和风险前景两个主要维度构成，旨在衡量 "一带一路" 各大经济体之间相对的市场吸引力并阐述整体概况；中国互通性指数包括贸易连通度、资本连通度、人力连通度三个维度，用以追踪 "一带一路" 各经济体与中国之间的经济互通性程度（见附表 7 和附表 8）。

附表 7　"一带一路" 经济稳健指数细化指标及权重

一级指标	二级指标	权重（%）	三级指标	权重	四级指标	权重
宏观经济表现	当前的前景	35	国内需求	0.5×国内生产需求占GDP的比重	消费者支出	消费在内需中的比重
					投资	投资在国内需求中的比重
					政府消费	政府消费在内需中的比重
			外部需求	0.5×出口占GDP的份额	世界贸易—商品	该国出口货物的份额
					世界贸易—旅游	该国出口的服务份额
			短期前景	0.5	经济增长	0.5
					消费者支出增长	0.5
	市场基本面	65	市场规模和增长	1/3	增长的稳定性	0.15
					市场规模	0.25
					人口的健康情况	0.3
					生产率表现	0.3
			税务和监管环境	1/3	跨境交易	0.2
					纳税	0.2
					创办企业	0.2
					办理建筑类许可证	0.2
					财产注册	0.2
			金融和有形基础设施	1/3	获得电力	0.2
					拥有固定宽带量	0.2
					运输基础设施	0.2
					货币基础	0.1
					私营部门贷款	0.1
					利率差	0.2

续表

一级指标	二级指标	权重（%）	三级指标	权重	四级指标	权重
风险前景	经济风险	65	货币政策	0.2	广义货币(M2)增长	0.2
					消费信贷	0.2
					商业贷款	0.2
					实际利率	0.4
			主权风险	0.4	政府债务	0.3
					财政平衡	0.3
					政府收入增长	0.15
					人均 GDP	0.25
			外部风险	0.4	准备金覆盖率	0.2
					经常账户余额	0.2
					外债占 GDP 的比重	0.2
					外债占出口的比重	0.2
					短期外债比重	0.2
			价格和成本稳定性	0.2	通胀前景	0.3
					通胀波动	0.3
					能源进口依赖度（占 GDP 比重）	0.2
					汇率估值	0.2
	政治风险	35	营商环境	0.5	投资者保护	0.333
					合同执行	0.333
					破产法	0.333
			冲突和安全	0.3	安全环境	0.333
					社会凝聚力	0.333
					国际关系	0.333
			政治前景和政策	0.3	政治稳定性	0.5
					意识形态和政策	0.5

附表8 "一带一路"中国互通性指数细化指标及权重

单位：%

维度	权重	分类	指标	具体调整系数		
				小	中	大
贸易连通度	60	非商品出口	向中国出口的非商品总额占GDP的比重	12.40	18.75	75.00
			向中国出口的非商品总额占非商品出口总额的比重	0.00	18.75	34.20
		商品出口	向中国出口商品额占GDP的比重	0.00	6.25	21.30
			向中国出口商品额占商品出口总额的比重	0.00	6.25	21.30
		服务贸易	来自中国的旅游收入占GDP的比重	0.00	18.75	24.80
			来自中国的旅游消费占入境旅游总支出的比重	0.00	18.75	24.80
		供应链进口	从中国进口的供应链额占GDP的比重	0.00	6.25	46.10
			从中国进口的供应链额占总进口供应链总额的比重	0.00	6.25	25.90
资本连通度	30	直接投资	来自中国对内直接投资占GDP的比重	10.60	25.00	33.30
			来自中国对内直接投资占总流入外商直接投资的比重	10.60	25.00	33.30
		间接投资	中国投资组合的总额占GDP的比重	9.30	15.00	28.10
			中国投资组合的总额为外来投资组合总额的比重	9.30	15.00	28.10
		官方融资	中国官方融资占GDP的比重	5.30	10.00	22.90
			中国官方融资占政府总支出的比重	5.30	10.00	22.90
人力连通度	10	在沿线国家的中国工人	从中国来的移民占全国就业人口数量的比重	0.00	17.50	25.90
		在中国的外籍工人	去中国的移民占全国就业人口数量的比重	0.00	17.50	25.90
			访华游客占全国人口的比重	24.10	32.50	50.00
		社会互动	访华游客占出境游客总数的比重	24.10	32.50	50.00

参考文献

［1］ Wiltett A. H. , *Theory of Risk and Insurance* （University of Pennsylvania Press, 1951）.

［2］ Michel Henry Bouchet, Ephraim Clark and Bertrand Groslam – bert, *Country Risk Assessment: A Guide to Global Investment Strategy* （New York: Wiley, 2003）.

［3］ P. J. Nagy, "Quantifying Country Risk: A System Developed by Economists at the Bank of Montreal", *Columbia Journal of World Business*, Vol. 13, No. 3, 1978.

［4］ DuncanH. Meldrum, "Country Risk and a Quick Look at Latin America", *Bussiness Economics*, Vol. 34, NO. 3, 1999.

［5］ Dunn J. ,Herring R. J. , "Country Risk : Social and Cultural Aspects", *Managing International Risk*, 1983.

［6］ Christoph O. Meyer, Florian Otto, John Brante, Chiara De Franco, "Recasting the Warning – Response Problem: Persuasion and Preventive Policy", *International Studies Review* 12, 2010.

［7］ Michel Henry Bouchet, Ephraim Clark, and Bertrand Groslam – bert, "Country Risk Assessment: A Guide to Global Investment Strategy", 2003.

［8］ Jonathan Eaton, Mark Gersovitz, and Joseph E. Stiglitz, "The Pure Theory of Country Risk", *European Economic Review*, 1986.

［9］ Graciela Kaminsky, "Currency and Banking Crises: the Early Warnings of Distress", International Monetary Fund Working Paper, W9/1999/178.

［10］ Choi. J. J. &Jeon. B. N, "Financial Factors in Foreign Direct Investment: a

Dynamic Analysis of International Data", *International Business and Finance* 21, 2007.

[11] Hayler. U. C. V. , "Assessing and Controlling Business Risks in China", *Journal of International Management* 9, 2003.

[12] La Porta R. , Lopez-de-Silanes F. , Shleifer A. , Vishny R. , "Law and finance", *Journal of Political Economy* 106, 1998.

[13] Miller K. D. , "A framework for Integrated Risk Management in International Business", *Int Bus Stud* 23 (2), 1992.

[14] Moosa. LA&Cardak. B. A. , "the Determinants of Foreign Direct Investment: an Extreme Bounds Analysis", *Journal of Multinational Financial Management* 16, 2006.

[15] BlenSolomon, Isabel Ruiz, "Political Risk, Macroeconomic Uncertainty, and the Patterns of Foreign Direct Investment", *International Trade Journal* 3, 2012.

[16] Kobrin, S. J. , *Managing Political Risk Assessment*, *Strategic Response to Environmental Change* (Berkeley, CA: University of California Press, 1982).

[17] Globerman S. , and D. Shapiro, "Global Foreign Direct Investment Flows: The Role of Governance Infrastructure", *World development* 30 (11), 2002.

[18] Burton F. N. , Ihoue H. , "Country Risk Evaluation Methods: A Survey of Systems in Use", *Banker* 133, 1983.

[19] M. Feldstein, "Economic and Financial Crises in Emerging Market Economies: Overview of Prevention and Management", NBER Working Paper, No. 8837, 2002.

[20] P. J. Nagy, "Quantifying Country Risk: A System Developed By Economists at the Bank of Montreal", *Columbia Journal of World Business* 13, 1978.

［21］ S. H. Robock， "Political Risk：Identification and Assessment"， *Columbia Journal of World Bussiness*，Vol. 6，Issue 4，1971.

［22］ S&P，"Sovereigns：Sovereign Rating Methodology"，December 23，2014，http：//www. standardandpoors. com/en＿ US/web/guest/article/ -/view/type/HTML/id/1880017.

［23］ Moody's，"A Guide to Moody´s Sovereign Ratings"，August，2006，http：//www. doc88. com/p-15628150560. html.

［24］ Fitch，"Sovereign：Sovereign Rating Criteria"，May 26，2016，http：//www. fitchratings. cl/Upload/methodology. pdf.

［25］ The PRS Group， "ICRG Methodology"，http：//bbs. pinggu. org/thread-4196252-1-1. html.

［26］ Agliardi E.，Agliardi R.， "A New Country Risk Index for Emerging Matkets：A Stochastic Dominance Approach"，*Journal of Empirical Finance* 19（5），2012.

［27］ OECD，"Arrangement on Officially Supported Export Credits"，http：//www. olis. oecd. org/olis/2004doc. nsf/LinkTo/NT0000932A/ $ FILE/JT00177671. PDF. 2004

［28］ David D. Hale， "Country Risk in the 21st Century"，http：//www. davidhaleonline. com/pdf/07162001-risk. pdf.

［29］ 海姆斯：《风险建模、评估和管理》，西安交通大学出版社，2007。

［30］ 曹荣湘、朱全涛：《国家风险与主权评级》，社会科学文献出版社，2004。

［31］ 李福胜：《国别风险分析、评估、监控》，社会科学文献出版社，2006。

［32］ 白远：《中国企业对外直接投资风险论》，中国金融出版社，2012。

［33］ 柴正猛：《中小企业海外直接投资风险管理研究》，中国社会科学出版社，2012。

［34］ 田泽：《中国企业境外投资的风险评价及预警研究》，科学出版社，2014。

［35］ 曹荣湘：《国家风险与主权评级》，社会科学文献出版社，2004。

［36］ 王巍、张金杰：《国家风险：中国企业国家化黑洞》，江苏人民出版社，2007。

［37］ 李建平：《资源国国家风险——理论、评估方法与实证》，科学出版社，2014。

［38］ 周忆丽：《中国对东盟投资政治风险的研究》，华中师范大学硕士学位论文，2013。

［39］ 刘锦河：《"一带一路"沿线国家经济风险的评价与研究》，对外经贸大学硕士学位论文，2016。

［40］ 谢斌瑶：《我国海外投资的政治风险及其保险制度的研究》，对外经济贸易大学硕士学位论文，2011。

［41］ 耿晓林：《核电企业海外投资国家风险评估》，上海交通大学硕士学位论文，2014。

［42］ 刘欣：《基于全面风险管理理论角度优化 Z 集团投资风险管控体系》，河北经贸大学硕士学位论文，2016。

［43］ 贾儒楠：《基于银行视角的国家风险评估与控制研究》，对外经济贸易大学博士学位论文，2015。

［44］ 韦军亮：《中国企业跨国经营风险预警的理论与实证研究》，南开大学博士学位论文，2009。

［45］ 刘莎：《东道国国家风险对中国能源资源企业海外投资的影响研究》，长沙理工大学硕士学位论文，2016。

［46］ 李林林：《关于国家风险与主权信用评级的研究》，中国社会科学院研究生院博士学位论文，2013。

［47］ 陈娟：《欧债危机下的出口信用保险国家风险评价》，华中科技大学硕士学位论文，2012。

［48］ 封晓：《国家风险与中国对外直接投资》，天津财经大学硕士学位论文，2012。

［49］ 王志强：《中国企业海外矿业项目风险管理研究》，中国地质大学（北京）博士学位论文，2014。

［50］ 游志斌：《美国联邦政府的国土安全风险管理》，《学习时报》2011 年第 2 期。

［51］ 徐向红、陈强：《出口信用保险的国家风险初探》，《中国保险管理干部学院学报》2004 年第 2 期。

［52］ 宋清华：《国家风险述略》，《中南财经大学学报》1993 年第 1 期。

［53］ 曹荣湘：《国家风险与主权评级：全球市场的评估与准入》，《经济社会体制比较》2003 年第 5 期。

［54］ 楼春豪：《"亚非增长走廊"倡议：内涵、动因与前景》，《国际问题研究》2018 年第 1 期。

［55］ 张松：《"一带一路"沿线国家营商环境》，《经济研究参考》2017 年第 15 期。

［56］ 范祚军：《"一带一路"国家基础设施互联互通"切入"策略》，《世界经济与政治论坛》2016 年第 6 期。

［57］ 游志斌、杨永斌：《国外政府风险管理制度的顶层设计与启示》，《行政管理改革》2012 年第 5 期。

［58］ 樊明明、肖欢、陶祥军：《美俄反恐预警机制的比较与启示》，《情报杂志》2014 年第 12 期。

［59］ 董翠玲：《发达国家政府在对外投资中的积极作用及启示》，《商业时代》2008 年第 4 期。

［60］ 陈俊荣：《欧盟促进企业跨国经营政策研究》，《当代经济管理》2010 年第 4 期。

［61］ 周亦奇、封帅：《安全风险分析的方法创新与实践——以"一带一路"政治安全风险数据库建设为例》，《国际展望》2017 年第 5 期。

［62］ 游志斌：《英国政府应急管理体制改革的重点及启示》，《行政管理改革》2010 年第 11 期。

［63］ 洪颖、卢海荣、宴红、陈梦莹、王轶：《国外风险防控制度的初探和启示》，《财经界》2014 年第 1 期。

［64］ 王峰：《日本地方财政风险管理框架及预警系统研究》，《地方财政研

究》2016 年第 10 期。

[65] 游志斌、薛澜:《美国应急管理体系重构新趋向:全国准备与核心能力》,《国家行政学院学报》2015 年第 3 期。

[66] 汪办兴:《我国商业银行信用风险模型的国际比较与改进》,《当代经济科学》2007 年第 3 期。

[67] 单宝:《中国企业跨国并购热中的风险因素及其规避措施》,《生产力研究》2007 年第 3 期。

[68] 张为付:《影响我国企业对外直接投资因素研究》,《中国工业经济》2008 年第 11 期。

[69] 艾仁智、林文杰:《金融危机下国家主权信用风险形势分析》,《中国金融》2009 年第 18 期。

[70] 贺书锋、郭羽诞:《我国对外直接投资区位分析:政治因素重要吗?》,《上海经济研究》2009 年第 3 期。

[71] 张建、姜建刚:《双边政治关系对中国对外直接投资的影响研究》,《世界经济与政治》2012 年第 12 期。

[72] 宗芳宇、路江涌、武常岐:《双边投资协定、制度环境和企业对外直接投资区位选择》,《经济研究》2012 年第 5 期。

[73] 王海军、姜磊:《西方国家关于国家风险与 FDI 关系的研究综述与启示》,《华北电力大学学报》(社会科学版) 2012 年第 2 期。

[74] 张锋新:《我国商业银行国际化面临的风险与对策研究》,《时代金融》2014 年第 1 期。

[75] 杨连星、刘晓光、张杰:《双边政治关系如何影响对外直接投资——基于二元边际和投资成败视角》,《中国工业经济》2016 年第 11 期。

[76] 赵睿、贾儒楠:《浅议 "一带一路" 战略中的国别风险管控——基于国别经济风险评估模型的研究》,《上海金融》2017 年第 3 期。

[77] 郭建鸾、闫冬:《"一带一路" 倡议下国际产能合作风险与对策研究》,《国际贸易》2017 年第 4 期。

[78] 廖国民、袁仕陈:《国家风险及其评估技术评述》,《时代经贸》2009

年第 6 期。

［79］何耀宇：《中国企业跨国并购国家风险及防范策略研究》，《经济师》
2011 年第 9 期。

［80］曾才生：《从异质性需求角度看待国家风险》，《中国集体经济》2008
年第 3 期。

［81］商迎秋：《企业全面风险管理框架比较研究》，《审计月刊》2011 年第
1 期。

［82］张维功、何建敏、丁德臣：《企业全面风险管理研究综述》，《软科
学》2008 年第 12 期。

［83］田远、刘宁：《全面风险管理框架下商业银行风险预警机制的构建》，
《兰州大学学报》（社会科学版）2013 年第 1 期。

［84］唐婧：《全面风险管理框架下商业银行风险预警机制的构建探讨》，
《商场现代化》2016 年第 12 期。

［85］国家风险评级课题组：《2013 年中国海外投资国家风险评级报告
（CROIC－IWEP）》，《国际经济评论》2014 年第 1 期。

［86］吕文栋、赵杨、田丹、韦远：《风险管理理论的创新——从企业风险
管理到弹性风险管理》，《科学决策》2017 年第 9 期。

［87］张琴、陈柳钦：《风险管理理论沿袭和最新研究趋势综述》，《金融理
论与实践》2008 年第 10 期。

［88］张轶、周吉：《风险管理理论综述》，《科技视界》2014 年第 17 期。

［89］何春艳、刘伟：《风险管理研究综述》，《经济师》2012 年第 3 期。

［90］许国栋、李心丹：《风险管理理论综述及发展》，《北方经贸》2001 年
第 6 期。

［91］王东：《国外风险管理理论研究综述》，《金融发展研究》2011 年第 2 期。

［92］汪忠、黄瑞华：《国外风险管理研究的理论、方法及其进展》，《外国
经济与管理》2005 年第 2 期。

［93］王稳、王东：《企业风险管理理论的演进与展望》，《审计研究》2010
年第 4 期。

［94］ 杨学进：《出口信用保险中国家风险评估的基本方法》，《保险研究》2000 年第 9 期。

［95］ 张轶、周吉：《风险管理理论综述》，《科技视界》2014 年第 17 期。

［96］ 王红蕾、吴晶妹：《国家风险测评方法研究》，《经济经纬》2008 年第3 期。

［97］ 张金杰：《国家风险的形成、评估及中国对策》，《世界经济与政治》2008 年第 3 期。

［98］ 王琛：《国家风险评价指标体系对比研究》，《经济与管理研究》2008 年第 6 期。

［99］ 叶成徽：《国外风险管理理论的演化特征探讨》，《广西财经学院学报》2014 年第 3 期。

［100］ 李媛、汪伟、刘丹丹：《基于 ICRG 的中国海外投资国家风险评价方法》，《沈阳工业大学学报》（社会科学版）2015 年第 4 期。

［101］ 陆岷峰、张玉洁：《建立商业银行国别风险的管理预警机制》，《广播电视大学学报》（哲学社会科学版）2011 年第 1 期。

［102］ 林孝成、管七海、冯宗宪：《金融机构的国家风险评估模型评介》，《当代经济科学》2000 年第 1 期。

［103］ 周朴：《企业全面风险管理体系的框架及其构建》，《企业改革与管理》2019 年第 1 期。

［104］ 刘景凯：《以风险管理理论指导应急管理体系建设》，《中国安全生产科学技术》2010 年第 4 期。

［105］ 宋维佳、梁金跃：《"一带一路"沿线国国家风险评价——基于面板数据及突变级数法的分析》，《财经问题研究》2018 年第 10 期。

［106］ 奥布力·塔力普、马海霞、赛福丁·哈迪尔：《基于层次分析法的巴基斯坦国家风险演变研究》，《中国经贸导刊（中）》2018 年第 26 期。

［107］ 王稳、张阳、石腾超、赵婧：《国家风险分析框架重塑与评级研究》，《国际金融研究》2017 年第 10 期。

［108］ 周伟、陈昭、吴先明：《中国在"一带一路"OFDI 的国家风险研

究：基于 39 个沿线东道国的量化评价》，《世界经济研究》2017 年第 8 期。

［109］张明：《中国企业"走出去"要注重国家风险的评估和防范》，《中国对外贸易》2017 年第 5 期。

［110］王稳：《创建国家风险防控体系》，《中国外汇》2017 年第 8 期。

［111］王素：《2017 年中国海外投资国家风险预警》，《进出口经理人》2017 年第 3 期。

［112］赵旸：《低收入国家债务可持续性框架及其在国家风险管理中的作用》，《中国发展观察》2016 年第 16 期。

［113］李冰：《中国对外直接投资国家风险实证研究——基于"一带一路"国家风险数据》，《现代商业》2016 年第 11 期。

［114］李一文、李良新：《我国海外投资国家风险预警研究》，《经济论坛》2013 年第 10 期。

［115］李建军、宗良、甄峰：《主权信用评级与国家风险的逻辑关系与实证研究》，《国际金融研究》2012 年第 12 期。

［116］柴正猛、胡小莲：《中小企业海外直接投资国家风险模糊层级评估——以云南中小企业到缅甸投资为例》，《昆明理工大学学报》（社会科学版）2012 年第 1 期。

［117］王海军、姜磊、伍文辉：《国家风险与对外直接投资研究综述与展望》，《首都经济贸易大学学报》2011 年第 5 期。

［118］李建平、孙晓蕾、范英、陈建明：《国家风险评级的问题分析与战略思考》，《中国科学院院刊》2011 年第 3 期。

［119］王馗、高天惠：《政治风险、双边关系与中国对外直接投资——基于"一带一路"沿线国家的实证研究》，《合肥工业大学学报》（社会科学版）2019 年第 1 期。

［120］姜茸、梁双陆、李春宏：《国家经济安全风险预警研究综述》，《生态经济》2015 年第 5 期。

［121］中国银监会：《银行业金融机构国别风险管理指引》，2010。

图书在版编目（CIP）数据

　　基于大数据的"一带一路"国际合作风险评估与应对／于施洋，杨道玲，王璟璇著. －－北京：社会科学文献出版社，2019.5

　　（大数据发展丛书）

　　ISBN 978－7－5201－4829－0

　　Ⅰ. ①基… Ⅱ. ①于… ②杨… ③王… Ⅲ. ①"一带一路"－国际合作－风险管理－研究－中国 Ⅳ. ①F125

中国版本图书馆 CIP 数据核字（2019）第 087643 号

大数据发展丛书
基于大数据的"一带一路"国际合作风险评估与应对

著　　者／于施洋　杨道玲　王璟璇

出　版　人／谢寿光
责任编辑／张　超

出　　版／社会科学文献出版社·皮书出版分社（010）59367127
　　　　　地址：北京市北三环中路甲 29 号院华龙大厦　邮编：100029
　　　　　网址：www. ssap. com. cn
发　　行／市场营销中心（010）59367081　59367083
印　　装／三河市尚艺印装有限公司

规　　格／开本：787mm×1092mm　1/16
　　　　　印张：11.5　字数：173 千字
版　　次／2019 年 5 月第 1 版　2019 年 5 月第 1 次印刷
书　　号／ISBN 978－7－5201－4829－0
定　　价／89.00 元